공황인 것 같아서 불안합니다

불안과 공황 사이에서 헤매는 사람들을 위한
85만 유튜브 〈닥터프렌즈〉 오진승과
정신과 전문의 김한준 이재병의 공황 심리 처방전

공황인 것 같아서 불안합니다

김한준 · 오진승 · 이재병 지음

카시오페아
Cassiopeia

오늘도 불안한 마음에
'공황장애'를 검색한 독자들에게

사람은 누구나 불안이라는 감정을 느낍니다. 잠깐 스쳐 지나가는 불안이건, 몇 날 며칠 지속되는 불안이건, 아니면 평생 영향을 미치는 불안이건, 불안은 늘 우리 곁에 있습니다. 아마 이 글을 읽는 여러분도 일상에서 크고 작은 불안을 경험해보셨을 거예요.

'불안'이라는 단어가 주는 어감과 달리, 불안을 느끼는 일은 지극히 정상적인 반응입니다. 외부적 위협에 대한 일종의 경고 신호이자 본능적 반응으로 사람은 물론 동물들도 갖고 있지요. 이렇게 불안이라는 감정은 썩 유쾌한 것은 아니지만, 우리에게 이로운 영향을 끼치기도 합니다. 과속과 탈선을 막아주는 자전거 브레이크 같은 역할이라고 생각하시면 이해하시기 편합니다.

그런데 이 브레이크가 너무 세게 작동하면 어떻게 될까요? 갑자기 튀어나오는 사람 때문에 브레이크를 확 잡았다고 생각해보세요. 그 사람을 피하려다가 오히려 운전자가 넘어지거나 다칠 수도 있습니다. 잘 드는 브레이크가 충돌 사고는 막았지만 운전자의 부상은 막지 못한 것이지요.

불안도 마찬가지입니다. 불안이 지나치게 커지면 상황에 대한 대처가 어려워지고, 심장 두근거림이나 숨 가쁨, 안절부절 못함, 손 떨림, 통증과 같은 신체적 반응을 일으켜 기존의 불안을 가중시키기도 합니다. 심하면 우울감이나 불면 등 다른 병적 증상을 유발하기도 하고요. 급기야 일상생활에 어려움을 겪고 '죽을 것 같은 공포'에 시달리다가 공황장애를 의심하고 병원을 찾는 분들도 계십니다.

하지만 이렇게 공황장애를 의심하고 찾아오는 사람들을 모두 공황장애라고 단정할 수는 없습니다. 다음 A, B, C씨의 사례를 통해 자세히 살펴보도록 하지요.

" 56세 남성 A씨는 최근 직장에서 권고사직을 당했다. 이후로 A씨는 집에서는 별다른 문제없이 잘 지냈으나 외출만 하면 사람들이 자신을 쳐다보는 것 같은 기분이 들었다. 은행이나 병원에서 문서에 서명할 때는 손이 심하게 떨려서 직원에게 부탁하기도 했다.

A씨는 이를 극복하고자 집에서 따로 글씨 쓰는 연습을 했다. 그런데 집에서는 아무 문제없이 움직이던 손이 밖에 나가기만 하면 심하게 떨렸다. 손 떨림을 느낄 때마다 A씨는 가슴이 두근거리고 식은땀이 나며 안절부절못하는 경험을 하기도 했다. A씨는 재취업을 위해서라도 이 상황을 해결해야겠다는 생각에 정신과를 찾았다.

옷가게를 하는 40세 여성 B씨는 청주에서 서울 동대문까지 직접 운전을 해가며 물건을 확인하고, 때로는 직접 옷을 차에 싣고 내려왔다. 그러던 어느 날이었다. 평소처럼 고속도로를 타고 서울로 가던 B씨는 터널에 진입할 때 갑자기 안으로 빨려 들어가는 듯한 공포감을 느꼈다. 어두운 터널을 지나는 짧은 순간 동안에는 무섭고 답답함을 느꼈다. 이후로도 B씨는 터널에 들어갈 때마다 불안감을, 빠져나올 때까지는 가슴 두근거림과 답답함, 식은땀 등의 증상을 반복적으로 느꼈다. 결국 B씨는 터널에 들어가기 전에 휴게소에서 휴식을 취하며 마음을 다잡은 뒤 출발했다.

20세 남성 배우 C씨는 최근 출연한 드라마가 큰 인기를 얻으며 눈코 뜰 새 없이 바빠졌다. 특히 드라마가 중국에서 폭발적인 반응을 보이면서 러브콜이 이어졌고, 팬 미팅이나 광고 촬영, 예능 출연을 위해 중국행 비행기를 타는 경우가 잦아졌다.

그날도 여느 때처럼 방송 출연을 위해 중국행 비행기를 탄 날이었다. 바쁜 스케줄 때문에 피곤했던 C씨는 비행기에 탑승하자마자 좌석에 몸을 눕혔다. 그런데 갑자기 극심한 공포가 밀려오더니 곧 심장이 폭발할 것처럼 두근거리기 시작했다. 식은땀이 나고 구역질이 올라왔으며, 숨 쉬기도 어려워 이러다 죽을지도 모르겠다는 생각마저 들었다. 승무원들의 응급조치에도 불구하고 이런 증상은

40분 이상 지속됐고, C씨는 소리를 지르며 괴로워했다. 이후 비행기 탑승이 두려워진 C씨는 정신과를 찾아 3개월 정도 치료를 받았다. 하지만 그 뒤로도 몇 달 동안은 부득이한 경우가 아니면 장거리를 이동할 때 비행기 대신 고속열차나 자동차를 타는 등 생활에 큰 불편함을 겪었다. "

이 중에는 공황장애인 분도 있고, 다른 불안장애가 의심되는 분도 있습니다. 어떤 분이 공황장애에 가장 가까울까요?

먼저 A씨부터 살펴보겠습니다. A씨의 경우, 사람들 앞에서 손이 떨리는 등 글씨 쓰기에 어려움을 겪었습니다. 시선을 의식하면 할수록 증상이 심해졌지요. 하지만 환자의 손 떨림 증상과 글씨 쓰기 어려움만으로는 공황발작이라고 볼 수 없습니다. 게다가 A씨는 집에 있을 때는 일상생활에 별다른 어려움을 겪지 않습니다. 타인의 시선을 의식했을 때만 불안감이 심해지는 임상 증상을 고려한다면 공황장애보다는 '사회공포증'을 의심해볼 수 있습니다.

B씨는 터널이라는 좁은 공간에 대한 불안 증상은 있으나 공황발작 정도의 수준은 아닙니다. 터널이라는 공간을 두려워하

지만, 터널을 피해 돌아가거나 아예 운전을 포기하는 수준은 아니니까요. 이렇게 회피반응을 보이지 않는 B씨는 공황장애 보다는 터널이라는 특정 공간에 대한 '폐소공포증'을 먼저 의심해볼 수 있습니다.

공황장애인 사람은 바로 C씨입니다. C씨의 경우 비행기에서 갑작스럽게 발생한 공황발작 증상, 즉 '극심한 공포', '심장이 터질 것 같은 가슴 두근거림', '식은땀', '구역감', '숨 쉬기 어려움' 등의 신체적 증상과 '이러다 죽을 것 같은 불안감'을 보였습니다. 게다가 꾸준히 정신과 치료를 받았음에도 불구하고 공황발작이 다시 발생할지 모른다는 불안감인 예기불안(비행기 탑승에 대한 불안감)에 시달렸지요. 오랜 시간과 불편함을 감수하면서도 장거리를 이동할 때 비행기 탑승을 피하고 고속열차나 자동차를 이용하는 등 회피반응을 1개월 이상 지속적으로 보이기도 했습니다. 이런 C씨의 경우가 바로 '공황장애'에 해당합니다.

증상 구분이 쉽지 않기 때문에 어쩌면 많은 분이 A, B, C씨 모두 공황장애라고 생각했을지도 모르겠습니다. 그러나 불안으로 인한 증상이 모두 공황장애 때문만은 아니며, 다른 불안장애에 해당될 수도 있다는 점을 염두에 두십시오. 정신건강의학과(이하 정신과) 전문의들도 치료 초기에는 공황장애로 의심했다가 대화를 거듭하면서 다른 진단으로 변경하기도 하고, 다른 불안장애로 추정했다가 공황장애로 진단을 바꾸기도 하니까요. 실제로 미리 단정 짓기보다는 정신과 전문의에게 본인의 증상을 있는 그대로 이야기하는 편이 올바른 진단을 찾는 데 도움이 됩니다.

통계적으로도 공황장애는 흔한 질병이 아닙니다. 보건복지부가 조사하고 발표한 《2021년 정신건강실태조사 보고서》에 따르면 우리나라 사람의 공황장애 평생 유병률^{한 사람이 평생 한 번이라도 해당 질환을 겪는 경우}은 0.4%에 불과합니다. 가장 흔한 정신과 질환인 주요우울장애의 평생 유병률이 7.7%임을 고려하면 매우 낮은 수치이지요. 공황장애를 포함한 모든 불안장애의 평생 유병률이 9.3%니 전체 불안장애 중에서도 공황장애가 차지하는 비중은 크지 않다고 할 수 있습니다.

이처럼 걸리기 쉬운 질병이 아님에도 우리 주변에 스스로 공황장애라고 생각하는 사람들이 많은 이유는 무엇일까요? 바로 공황장애에 대한 단편적이고 부정확한 정보가 방송이나 인터넷, 유튜브, 블로그 등에 만연하기 때문입니다. 불안으로 인한 2차적 우울증이나 불면증 등 불안장애 증상을 모두 공황장애 증상으로 뭉뚱그려 설명하거나, 공황장애 수준에 미치지 못하는 증상을 과장해서 설명해놓은 글이 인터넷에는 참 많습니다. 심지어 부정확한 치료법을 제시하는 경우도 있지요. 문제는 이렇게 비전문적인 정보를 인터넷과 유튜브, 블로그에서 보고 스스로 공황장애라고 판단해 오히려 병을 키우는 사례가 심심찮게 발견된다는 것입니다.

그래서 저희 김한준, 오진승, 이재병 정신과 전문의 3명이 뭉쳤습니다. 그릇된 정보와 상식으로 질환의 경중을 따지고 정신질환을 혐오, 비정상, 교정의 대상으로 오인하는 부분들을 바로잡으며 정확한 정보만을 전하고자 '손바닥 마음 클리닉' 시리즈에 참여하게 됐습니다.

저희는 고려대학교 의과대학을 졸업한 뒤 정신과 전문의로서 대학병원, 정신과 전문병원, 개인 의원 등에서 수천명의 환자와 만나 그들의 이야기를 듣고 공감하며 치료해

왔습니다. 정신분석이나 인지행동 치료, 사이코드라마 등 좋은 배움의 장이 있으면 달려갔고, 그곳에서 배운 내용을 환자에게 적용하며 더 나은 치료를 위해 힘썼습니다. 병원에서의 진료뿐만 아니라 TV나 유튜브, 라디오, 블로그 등 다양한 매체를 통해 올바른 정보를 전달하기 위해 바쁘게 움직였습니다. 이러한 활동의 연장선상에서 더 많은 분에게 도움이 되고자 '손바닥 마음 클리닉'을 엽니다.

이 '손바닥 마음 클리닉' 시리즈를 통해 우울증, 공황장애, 수면장애에 대한 저자 3인의 의학 지식을 전달하고자 합니다. 상담과 현장 경험을 통해 얻은 제대로 된 정신질환 정보를 공유하고자 합니다. 정신질환에 대해 올바르게 알고 대처하면 삶의 질이 개선됨은 물론이고, 소중한 생명을 살릴 수도 있습니다. 그런 기대와 사명감으로 언제 어디서나 쉽게 꺼내 읽을 수 있는 부담 없는 책, 동시에 필요한 전문가의 지식이 모두 담긴 책을 드디어 펴냅니다. 한 권으로 하나의 정신질환을 컴팩트하게 알아볼 수 있는 '손바닥 마음 클리닉' 시리즈가 누구에게도 고민을 털어놓지 못하고 혼자서 힘들어하는 사람들에게 큰 힘과 희망이 되길 바랍니다.

완치로 가는 길은 멀리 있지 않습니다.

· 목차 ·

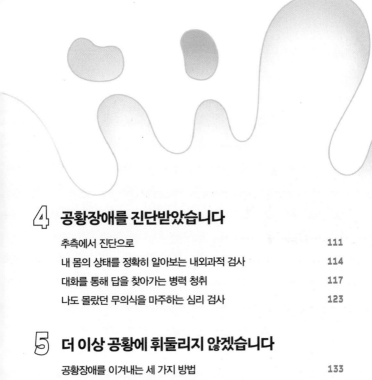

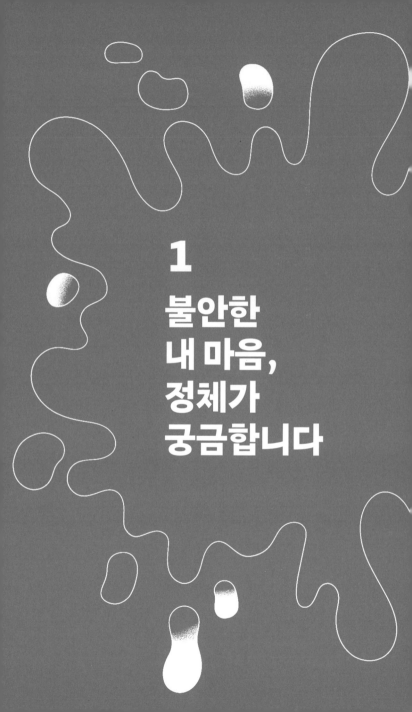

1
불안한
내 마음,
정체가
궁금합니다

불안과
공황 사이에서

　앞서 언급했듯 불안은 누구나 느낄 수 있는 정상적인 감정입니다. 일상을 살아가는 데 있어 반드시 필요한 감정이기도 하고요. 미래에 발생할 수 있는 부정적 상황을 미리 대처하고 현재의 과업을 더욱 열심히 하게 만드는 중요한 역할을 하기 때문입니다. 예를 들어 성적이 떨어져 불안한 학생이 있다고 생각해보세요. 그 학생은 부모님이 실망하실까 봐 계획을 더욱 철저히 세우고 공부해서 그 불안을 해소하려 할 겁니다. 그렇게 함으로써 결국 좋은 성적을 거두었다면, 불안이 그 학생에게 긍정적인 영향을 끼친 것이라고 할 수 있겠지요.

불안은 인류 생존에 필수적인 감정이기도 했습니다. 만약 과거에 원시인들이 맹수들의 눈을 피해 몰래 다니지 않고 막무가내로 들판을 가로질렀다면 어떻게 되었을까요? 아마도 현대 인류는 존재하지 않았을 겁니다. 날카로운 이빨과 발톱, 독을 가진 동물에 두려움을 느낀 원시인들이 살아남으려고 몸을 조심스레 움직인 덕분에 오늘의 우리가 존재할 수 있었던 겁니다. 그들의 유전자를 물려받은 우리는 그래서 불안을 느끼는 게 아닐까요?

다만 불안을 느끼는 정도는 사람마다 다릅니다. 불안에 무덤덤한 사람도 있지만, 쉽게 불안해하거나, 유난히 불안감을 크게 느끼거나, 남들보다 더 오랫동안 불안해하는 사람들도 있습니다. 평소에는 불안감을 느끼지 않다가 특정 상황에서 예민한 반응을 보이는 사람들도 있고요. 이렇게 불안의 빈도와 강도, 지속력이 일상생활에 지장을 주는 단계까지 이르게 되면 이는 병적인 상태로 봐야 합니다.

정신과 전문의들이 정신과 질환을 진단할 때 사용하는 《정신장애의 진단 및 통계편람 5판The Diagnostic and Statistical Manual of Mental Disorders 5, 이하 DSM-V》에서는 이러한 질환을 '불안장애'라 부릅니다. 공황장애 역시 이 불안장애의 한 종류입니다. 다만 앞에서 살펴보았듯이 방송이나 유튜브, 블로그 등 인터넷 매체에 퍼진 공황장애에 대한 단편적이고 부정확한 정보 때문에 불안장애와 공황장애를 혼동하는 경우가 생각보다 많습니다. 자신이 공황장애라고 생각해서 병원을 찾지만, 실은 다른 불안장애인 경우가 흔합니다.

1장에서는 공황장애와 불안장애를 정확히 이해하고 구분하는 시간을 가지려 합니다. 특히 사람들이 공황장애와 가장 많이 혼동하는 광장공포증, 특정공포증, 사회불안장애, 범불안장애 증상을 공황장애 증상과 비교하고 살펴보도록 하겠습니다.

과도한 걱정이
범불안장애로

> 45세 여성 D씨는 불면증과 피로감, 불안, 초조, 속 불편
> 함 등의 증상으로 정신과를 찾았다. 상담 중 D씨는 깜짝
> 깜짝 놀라는 모습을 보였는데, 원래 젊었을 때부터 깜짝
> 깜짝 잘 놀라고, 스트레스를 받으면 생각이 많아져 잠을
> 잘 이루지 못하는 성격이라고 했다. 또 자주 긴장하고 늘
> 초조함에 시달리는 편이라고 했다. 그래서 만성적인 피
> 로는 물론이고 소화불량, 두통 외에도 온몸이 쑤시거나
> 아픈 경우도 많다고 했다.
>
> 하지만 내과나 통증의학과에서는 아무리 진료를 받아도
> 별다른 이상이 없다는 대답만 들었다. 그래서 결국 정신

과까지 찾아오게 된 것이었다. 마지막으로 D씨는 최근 6개월 사이에 큰딸의 결혼 준비로 여러 가지 걱정이 많아지면서 깜짝깜짝 놀라는 일이 부쩍 잦아졌고, 가족들에게도 사소한 일로 짜증을 많이 내게 되었다고 말했다.

범불안장애Generalized Anxiety Disorder는 특별한 상황이나 사건이 아닌 일상생활에서 겪는 일을 과도하게 걱정하고 불안해하는 질환을 뜻합니다. 범불안장애에 시달리는 분들은 긴장된 상태로 늘 신경이 곤두서 있고 예민한 반응을 보이는 특징이 있습니다. 특히 작은 신체적 변화에도 과민하게 반응합니다. D씨처럼 불안감과 스트레스로 인해 잠을 자지 못하거나 중간에 자주 깨는 경우가 많지요. 잠을 푹 자지 못하면 다음 날 집중력이 떨어지고 멍한 것이 당연한데, 그조차도 불안해합니다. 또 늘 무슨 일이 있지 않을까 긴장한 상태로 마음속의 레이더를 365일 24시간 가동하다 보니 신체적·정신적으로 쉽게 피로감을 느낍니다. 이런 증상이 6개월 이상 지속되면 범불안장애라고 판단할 수 있습니다.

《2021년 정신건강실태조사 보고서》에 따르면 범불안장애는 평생 유병률 1.7%를 기록할 정도로 공황장애(0.4%)보다 흔한 질병입니다. 진단 기준은 다음과 같습니다.

범불안장애 DSM-V 진단 기준표

☑	1	직장이나 학교 등에서 일상적인 활동을 할 때 과도한 불안과 걱정을 느끼는 날이 그렇지 않은 날보다 더 많고, 이러한 상황이 최소 6개월 이상 지속된다.
☑	2	위와 같은 불안이나 걱정을 스스로 조절하기 어렵다.
☑	3	다음 6가지 불안과 걱정에 대한 증상 중 최소 3가지 이상 해당된다. ① 안절부절못하고 벼랑 끝에 서 있는 것 같다. ② 쉽게 피곤해진다. ③ 집중하기 어렵고 머리가 하얘진다. ④ 과민하다. ⑤ 근육이 긴장한다. ⑥ 수면장애를 경험한다. (예-잠드는 데 오래 걸린다, 숙면이 어렵다, 수면이 불만족스럽다 등)
☑	4	이 같은 불안, 걱정, 신체적 증상이 개인적·가정적·직업적·사회적 영역 등에서 중대한 문제가 된다.
☑	5	물질 또는 다른 의학적 상태로 설명되지 않는다.
☑	6	다른 정신장애로 더 잘 설명되지 않는다.

※ 이 중 5, 6번 진단 기준은 약물이나 부정맥 등 다른 내과적 상태 또는 주요우울장애 등과 같이 범불안장애와 유사한 증상을 보일 수 있는 질병들을 배제하기 위해 제시한 기준입니다. 다만 이러한 질병들과 범불안장애를 일일이 비교하기 어려워 이 책에서는 임상적으로 범불안장애를 진단하는 데 주로 쓰이는 1~4번 진단 기준만 다루도록 하겠습니다. 향후 다른 불안장애에서도 이 같은 내용은 생략하도록 하겠습니다.

그렇다면 범불안장애와 공황장애는 구체적으로 어떤 점이 다를까요?

범불안장애는 특정 상황에 상관없이 걱정과 불안을 느끼는 경우가 많습니다. 예를 들어, 성적이 좋은 학생이 성적이 떨어질까 봐 두려워하거나, 경제적으로 궁핍하지 않음에도 하루에도 몇 차례씩 돈 걱정을 하며 안절부절못하거나, 외부 위협에 대한 지나친 걱정으로 자신은 물론 가족들 모두의 외출에 대해서도 화를 내는 등 범불안장애 환자는 일반적인 상황에서도 불안감을 크게 느낍니다. 옛날 어른들이 말씀하신 기우杞憂가 바로 이런 모습이 아닐까 싶은데요. 평소에 크고 작은 신체적 증상을 호소하며 우울감을 함께 겪기도 합니다. 그래서 정신과 내원 초기에는 우울증이나 신체형 장애로 진단을 받고 이후에 범불안장애로 진단이 바뀌는 경우도 종종 있습니다.

반대로 공황장애는 공황발작이라는 급격하고 심한 강도의 불안 증세를 드러냅니다. 평소에는 괜찮다가 사람이 많은 공간이나 스트레스를 받는 상황, 낯선 환경 등에서 긴장을 하면 더욱 심해지며, 공황발작이 일어나면 숨 막힘, 심장 두근거림, 흉통, 식은땀 등 다양한 신체적 증상을 보입니다.

니다.

공황장애와 범불안장애의 차이

	공황장애	범불안장애
불안이 발생하는 상황	스트레스 상황에서 처음 발생하며, 이후에는 대체로 별다른 이유 없이 갑자기 발생	일상생활 전반에서 발생
불안의 강도	강함	대체로 약함
불안의 지속성	대체로 순간적	지속적
동반되는 신체적 증상	주로 공황발작이 있을 때만 발생	일상생활에서 지속적으로 발생

부정적 평가에 대한 두려움이
사회불안장애로

> 22세 남성 E씨는 사람들 앞에서 자주 얼굴이 붉어지고 목소리가 떨리는 것 때문에 정신과 외래로 내원했다. 그는 어려서부터 내성적이고 수줍음이 많은 성격이었다. 친구들에게도 먼저 같이 놀자고 이야기하는 편이 아니라 친구들이 끼워주고 다가오면 함께 어울리는 타입이었다.
>
> 처음 증상을 느낀 건 중학교 때였다. 수업 시간에 선생님의 지시를 받고 책을 읽다가 목소리가 떨렸는데, 이를 듣고 키득거리는 친구들의 반응을 보며 얼굴이 붉어지는 걸 느꼈다. 그리고 친구에게 얼굴이 붉어졌다고 지적

을 들은 뒤부터 사람들 앞에만 서면 얼굴이 붉어지고 목소리가 떨리기 시작했다. 심하면 말더듬증으로 이어지기도 했다. 그래서 E씨는 대학교 조별 과제 때 발표를 피하고자 일부러 자료 찾기나 PPT 작성 등 힘든 일을 모두 떠맡고는 했다.99

텔레비전에서 보는 것과 달리 사람들 대부분은 낯선 사람과의 갑작스러운 대화를 어려워합니다. 능수능란하게 대화를 이끌어나가는 사람은 사실 얼마 되지 않지요. 개인과 나누는 대화도 이렇게 어려운데, 직장이나 학교에서 여러 사람을 상대로 면접을 보거나 발표하는 일은 얼마나 어려울까요. 부담을 느끼면서도 애써 마음을 진정시키고 스피치해나가는 사람들을 보면 박수가 절로 나옵니다.

그런데 이런 대화나 발표가 특히 어려운 사람들이 있습니다. 바로 사회불안장애Social Anxiety Disorder 환자들입니다. 사회불안장애 환자들은 사람들이 자신을 부정적으로 평가한다고 지레짐작하고, 다른 사람과 사회적 관계를 맺거나 유지하는 일에 크게 스트레스를 받습니다. 생활 방식도 혼자 일하거나 지내기를 선호하는 편이지요. 심지어 사람들 앞에서 음식을 먹거나 마시기도 어렵고, 공중화장실을 쓰는 것조차 힘들어합니다.

사회불안장애 환자들에게 조별 과제 발표나 고객 응대는 상상 이상으로 힘든 일입니다. 그래서 발표 대신 자료 찾기나 PPT 작성을 혼자서 도맡아 하고, 동료 직원에게 비싼 밥을 사주면서 고객 응대를 부탁하기도 하지요. 그렇게 피했는데도 어쩔 수 없이 우려하던 상황에 처하게 되면 얼굴이 빨개지고 식은땀이 줄줄 흐릅니다. 목소리가 떨리고 말을 더듬는 경우도 많고요. 속이 쓰리거나 얹힌 느낌이 들고, 가슴이 두근거리고, 손발이나 몸이 떨리기도 합니다. 심하면 공황발작을 경험하기도 합니다.

《2021년 정신건강실태조사 보고서》에 따르면 사회불안장애는 0.6%의 유병률을 보이는 질환으로 사회공포증Social Phobia이라고도 부릅니다. 미국 국립보건원National Institutes of Health, NIH에서는 7%의 유병률로 추정합니다. 진단 기준은 다음과 같습니다.

사회불안장애 DSM-V 진단 기준표

☑	1	다른 사람에 의해서 관찰되고 평가될 수 있는 한 가지 이상의 사회적 상황에 대한 뚜렷한 공포나 불안이 있다. 사회적 상황이란 다른 사람과 대화를 하거나 낯선 사람을 만나는 것(사회적 상호 작용) 또는 다른 사람이 보는 앞에서 먹고 마시는 일(관찰당하는 상황), 연설 또는 발표를 하는 일(다른 사람 앞에서 일하는 상황) 등을 말한다. 아동의 경우 불안은 성인뿐 아니라 또래와의 상호 작용 환경에서도 나타나야 한다.
☑	2	다른 사람들로부터 부정적인 평가를 받는 행동을 하거나 불안을 보이게 될까 봐 두려워한다(굴욕감이나 당혹감을 느끼거나, 거부당하거나 타인에게 피해를 줄까 봐 두려움).
☑	3	사회적 상황에 노출됐을 때 거의 매번 불안과 공포를 느낀다. 아동의 경우 불안이 울음, 떼쓰기, 얼어붙음, 매달리기, 움츠러들기, 말을 하지 못하는 모습으로 표현될 수 있다.
☑	4	사회적 상황을 회피하거나 강한 공포와 불안을 느끼며 견딘다.
☑	5	공포나 불안이 실제적인 위협이나 사회적·문화적 배경에 비해 지나치게 심각하다.
☑	6	공포, 불안, 또는 회피가 최소 6개월 이상 지속된다.
☑	7	공포, 불안 또는 회피가 개인적·가정적·직업적·사회적 영역 등에서 중대한 문제가 된다.

사회불안장애 환자들이 불안감을 느낄 때 발생하는 신체적 증상은 공황장애와 유사합니다. 사회적 관계나 타인 앞에 노출되는 상황을 피하는 것 역시 공황장애에서의 회

피행동으로 보일 수 있습니다. 다만 사회불안장애의 불안 증상은 다른 사람과 함께 있는 상황에서 발생하며, 혼자 있거나 가족 등 소수의 편한 사람들과 있을 때는 발생하지 않는다는 점이 다릅니다. 반면 공황장애는 사회적 상황에 상관없이 발생하며, 오히려 사람들과 함께 있을 때 그들이 자신을 도와줄 수도 있다는 생각에 안정감을 느끼기도 합니다.

공황장애와 사회불안장애의 차이

	공황장애	사회불안장애
불안이 발생하는 상황	스트레스 상황에서 처음 발생하며, 이후에는 대체로 별다른 이유 없이 갑자기 발생	타인 앞에서 평가당할 수 있는 특정 상황에서 발생 (예-낯선 사람과의 대화, 발표, 회의 등)
불안의 강도	강함	특정 상황에서만 강함
불안의 지속성	대체로 순간적	특정 상황에서만 순간적
동반되는 신체적 증상	주로 공황발작이 있을 때만 발생	특정 상황에서만 발생

안전에 대한 우려가
광장공포증으로

40세 여성 F씨의 별명은 집순이다. 그녀는 집에서는 혼자서도 잘 지내고, 집안일도 척척 해낸다. 반면 외출하는 것은 극도로 꺼리는 성격이다. 나가더라도 꼭 남편이나 친구, 자녀들과 함께 가려고 하며, 밖에 있을 때 초조함을 느껴서 빨리 집에 들어오려고 한다. 마트나 백화점에 물건을 사러 가도 필요한 것만 사서 바로 돌아오며, 사람이 많은 대중교통을 싫어해 자차로 이동하거나 택시를 타는 편이다. 친구들과 약속이 생겨도 밖에서 만나기보다는 집으로 초대하는 걸 선호한다.

최근 F씨는 코로나-19로 비대면 쇼핑, 새벽 배송, 음식

배달 등이 활성화되면서 오히려 삶이 더 편해졌다고 느
낀다.**,,**

범불안장애가 모든 상황에 대한 불안, 사회불안장애가 사회적 관계에서의 불안이라면, 광장공포증Agoraphobia은 자신이 안전하지 않다고 판단되는 특정 장소나 상황에서 불안감을 느끼는 질병입니다. 《2021년 정신건강실태조사 보고서》를 살펴보면 0.3%의 유병률을 보인다고 기록되어 있습니다.

광장공포증은 그리스어로 '광장'을 뜻하는 아고라Agora와 공포증Phobia의 합성어입니다. 고대 그리스의 아고라는 정치적 중심지로서 집회나 행사가 있을 때뿐만 아니라 평상시에도 많은 사람이 지나다니는 곳이었습니다. 당연히 이곳에서는 움직이기도 어렵고 화장실을 가는 일조차 어려웠을 겁니다. 누가 다쳐도 호송하기 어렵고, 소매치기를 당해도 인파에 휩쓸려 찾기 힘들었을 것입니다. 이처럼 아고라는 '통제되지 않고, 무슨 일을 당해도 대처하기 어려운 공간', '도움을 받기 어렵거나 즉시 탈출하기 어려운 장소'

에 가까우며, 이러한 장소에서 극심한 불안감이 발생할 경우 이를 광장공포증이라고 합니다.

상담을 하다 보면 위험한 공간에 대한 불안을 광장공포증이라고 오해하는 경우가 종종 있습니다. 하지만 가로등 하나 없는 어둡고 으슥한 골목길, 뉴욕의 할렘 같은 우범지대, 높은 곳에 있는 다리 등 누구나 두려워할 만한 곳에서 불안감을 느끼고 회피하는 것은 광장공포증이라고 볼 수 없습니다. 실제로 위험한 장소에 갔을 때 불안을 느끼는 건 매우 당연한 일입니다.

광장공포증은 일상생활에서 쉽게 갈 수 있는 장소에서 주로 발생합니다. 마트나 영화관처럼 사람이 많이 모이는 곳, 터널이나 엘리베이터처럼 밀폐된 공간, 만원 버스나 기차, 비행기처럼 도중에 내리기 어려운 교통 시설이 대표적이지요. 이런 공간에서 주변에 아무도 도와줄 사람이 없거나 혼자라고 느낄 때 비로소 광장공포증이라고 말할 수 있습니다.

진단 기준은 다음과 같습니다.

광장공포증 DSM-V 진단 기준

☑	1	다음 다섯 가지 중 두 가지 이상의 상황에 대해 뚜렷한 공포나 불안을 보인다. ① 대중교통을 이용할 때(자동차, 버스, 기차, 배, 비행기 등). ② 개방된 공간에 있을 때(주차장, 시장, 다리 등). ③ 폐쇄된 공간에 있을 때(쇼핑몰, 극장, 영화관 등). ④ 줄을 서 있거나 군중 속에 있을 때. ⑤ 집 밖에 혼자 있을 때.
☑	2	공황장애와 유사한 증상이나 감당하기 어려운 증상(쓰러질 것 같거나, 대소변 지림에 대한 두려움)이 발생했을 경우 도움을 받거나 피하기 어려울 것 같다는 생각이 들면 이러한 상황을 두려워하거나 회피하게 된다.
☑	3	광장공포적 상황에 노출되면 거의 예외 없이 공포와 불안이 유발된다.
☑	4	광장공포적 상황을 적극적으로 회피하거나, 동반자를 필요로 하거나, 강한 공포와 불안을 느끼고 그저 견딘다.
☑	5	광장공포적 상황의 실제적인 위험과 사회적·문화적 배경을 고려할 때, 공포와 불안이 지나치게 심각하다.
☑	6	공포, 불안, 또는 회피가 최소 6개월 이상 지속된다.
☑	7	공포, 불안 또는 회피가 개인적·가정적·직업적·사회적 영역 등에서 중대한 문제가 된다.

광장공포증 환자의 불안 증상은 다른 불안장애와 비슷하지만, 공황발작을 경험하는 일이 좀 더 빈번합니다. 하지만 공황장애의 공황발작처럼 신체적 증상이 꼭 네 가지 이

상 충족될 필요는 없습니다. 최소 증상이 6개월 이상 지속된 경우면 됩니다.

공황장애 환자 역시 광장공포증처럼 '도움을 받기 어렵거나 즉시 탈출하기 어려운 장소'에서 공황발작이 발생할까 봐 두려움을 느끼는 경우가 있습니다. 만일 공황장애와 광장공포증의 진단 기준을 모두 만족한다면 공황장애와 광장공포증 두 가지 진단을 함께 내릴 수 있습니다. 실제로 이전 진단 기준인 DSM-IV에서는 공황장애를 진단할 때 '광장공포증이 있는 공황장애'와 '광장공포증이 없는 공황장애'로 분류해 진단하기도 했습니다.

공황장애와 광장공포증의 차이

	공황장애	광장공포증
불안이 발생하는 상황	스트레스 상황에서 처음 발생하며, 이후에는 대체로 별다른 이유 없이 갑자기 발생	도움을 받기 어렵거나 즉시 탈출하기 어려운 장소나 상황에서 발생
불안의 강도	강함	특정 상황에서는 강하고, 종종 공황발작으로 이어지기도 함
불안의 지속성	대체로 순간적	특정 상황에서만 순간적
동반되는 신체적 증상	주로 공황발작이 있을 때만 발생	특정 상황에서만 발생

두려운 존재에 대한 불안이
특정공포증으로

32세 여성 G씨는 어지간한 층수의 건물을 오르내릴 때 엘리베이터보다 계단을 이용한다. 다른 사람들이 일부러 운동하는 거냐고 묻지만, 실은 그렇지 않다. 엘리베이터 안에 있으면 갇힌 느낌이 들면서 불안감과 긴장감이 심해지고, 가슴 두근거림과 답답함으로 이어져 숨이 가빠지기 때문이다. 엘리베이터가 갑자기 멈추거나, 증상이 심해져 죽을 수도 있겠다는 불안감도 크다.

자신이 운전하는 차를 제외하고는 차를 타는 일도 버겁다. 스스로 운전할 때도 사전에 터널이 없는 길을 알아보거나 우회하기도 한다.

얼마 전에는 병원에서 큰 소동을 겪기도 했다. 목 통증이 심해 MRI 촬영 검사를 하기로 했는데, MRI 기계에 들어가면서 죽을 것 같은 공포를 느낀 것이다. 결국 G씨는 검사를 중단시키고 수면 마취 주사를 맞은 후에야 MRI 촬영을 마칠 수 있었다. "

특정공포증Specific phobia은 단어 그대로 특정 대상이나 상황, 존재 등으로 인해 겪는 공포증입니다. 《2021년 정신건강실태조사 보고서》에 따르면 6.3%의 평생 유병률로 전체 불안장애 중 가장 높은 유병률을 보이는 질환입니다. 우리가 익히 들어본 폐소공포증, 고소공포증, 주사공포증, 환공포증 등이 이에 해당합니다. G씨는 특정공포증 중에서도 폐소공포증에 가까운 사례이지요.

공포의 대상은 매우 다양합니다. 먼저 뱀, 개, 벌레 등 특정 동물을 보면 불안감을 느끼고, 이를 회피하거나 힘들게 견디는 케이스가 있습니다. 벌레를 발견하면 비명을 지르거나 도망가고, 다른 사람이 올 때까지 벌레가 있던 방에 들어가지도 못하며, 벌레가 도망가면 잡을 때까지 잠을 못

자기도 하지요.

높은 장소, 물, 폭풍우, 번개 등 자연적인 상황에서 불안감을 느끼는 경우도 있습니다. 호수 위 다리를 건너지 못해 호숫가를 빙 둘러 가는 사람이나, 놀이기구를 타는 등 높은 장소만 올라가면 불안이 심해지는 사람도 특정공포증에 해당합니다.

신체와 관련해서도 불안감을 느낄 수 있습니다. 이런 환자들은 눈앞에서 혈액을 보면 극도로 긴장하거나 심하면 실신을 하기도 합니다. 주삿바늘에 대한 공포 때문에 몸이 아파도 주사 맞기를 포기하고요.

공간에 갇힌 상황이나 치과 방문, 성관계 등 어떤 특정 상황에 부닥쳤을 때 불안감을 느끼는 환자도 있습니다. 장거리 여행을 할 때 비행기 탑승이 무서워 불편함을 감수하고라도 기차나 버스를 타는 분들, 꽉 막힌 공간에 대한 두려움으로 엘리베이터 대신 계단을 이용하시는 분들이 이에 해당합니다.

이렇게 사례가 다양한 특정공포증의 진단 기준은 다음과 같습니다.

특정공포증 DSM-V 진단 기준표

☑	1	특정한 대상이나 상황(비행기를 타는 것, 높은 곳, 동물, 주사 맞기, 피를 보는 것)에 대한 뚜렷한 공포나 불안이 있다.
☑	2	공포를 유발하는 대상이나 상황에 노출되면 거의 즉각적인 공포나 불안이 유발된다.
☑	3	공포 대상이나 상황을 적극적으로 회피하거나 강한 공포와 불안을 지닌 채 견딘다.
☑	4	특정 대상이나 상황의 실제적인 위험과 사회적·문화적 배경을 고려할 때, 공포와 불안이 지나치게 심각하다.
☑	5	공포, 불안, 또는 회피가 최소 6개월 이상 지속된다.
☑	6	공포, 불안, 또는 회피가 개인적·가정적·직업적·사회적 영역 등에서 중대한 문제가 된다.

특정공포증 환자는 평소 일상생활을 잘 유지하다가 두려움의 대상을 마주하거나, 마주할 가능성이 높은 때에만 증상이 발생합니다. 심하면 공황발작까지도 겪을 수 있지만, 반대로 그 상황을 겪지 않으면 전혀 불안을 느끼지 않습니다.

일찍이 중국에 진출해 한국과 중국 양국에서 큰 인기를 얻은 가수 겸 배우인 장나라 씨는 중국에서 비행공포증으로 비행기 탑승을 하지 못하고 1시간 거리를 25시간에 걸쳐 배와 자동차로 이동했다고 합니다. 하지만 일단 촬영지에 도착하기만 하면 촬영에는 전혀 지장이 없었다고 합니다.

또, 네덜란드 국가대표이자 영국 프리미어리그에서 활약한 유명 축구선수 데니스 베르캄프도 비행공포증 때문에 유럽 대륙에 있는 팀과 경기가 있으면 다른 팀원들보다 먼저 출발해 배를 타고 목적지에 도착했다고 합니다. 그런데 막상 격렬한 축구경기를 하는 동안에는 한 번도 불안 증세를 겪지 않았다고 해요. 이처럼 특정공포증은 두려움의 대상과 무관한 상황에서는 특별한 증상을 보이지 않습니다.

공황장애와 특정공포증의 차이

	공황장애	특정공포증
불안이 발생하는 상황	스트레스 상황에서 처음 발생하며, 이후에는 대체로 별다른 이유 없이 갑자기 발생	두려움의 대상을 마주하거나 마주할 가능성이 높을 때
불안의 강도	강함	특정 상황에서는 강함
불안의 지속성	대체로 순간적	특정 상황에서만 순간적
동반되는 신체적 증상	주로 공황발작이 있을 때만 발생	특정 상황에서만 발생하며, 그 외에는 격렬한 운동을 해도 괜찮은 정도임

＊

불안을 느낄 때 '나도 공황장애 아닐까?' 생각하는 사람이 의외로 많습니다. 그만큼 대중매체를 통해 공황장애라는 단어를 접하는 경우가 많기 때문인데요. 그러나 앞서 살펴보았듯이 불안 증상은 범불안장애, 사회불안장애, 광장공포증, 특정공포증 등 다양한 불안장애로 인해 나타나는 경우가 많습니다. 우울증에 동반된 불안 증상이거나 불면증이 지속되며 나타나는 2차적 불안감일 수도 있고요.

자, 이제 여러분이 겪는 증세가 공황장애인지 불안장애인지 차근차근 생각해보십시오. 만약 불안장애 이상의 증세라 판단된다면 다음 장에서 공황장애의 구체적인 증상이 무엇인지 살펴보는 게 도움이 될 것입니다.

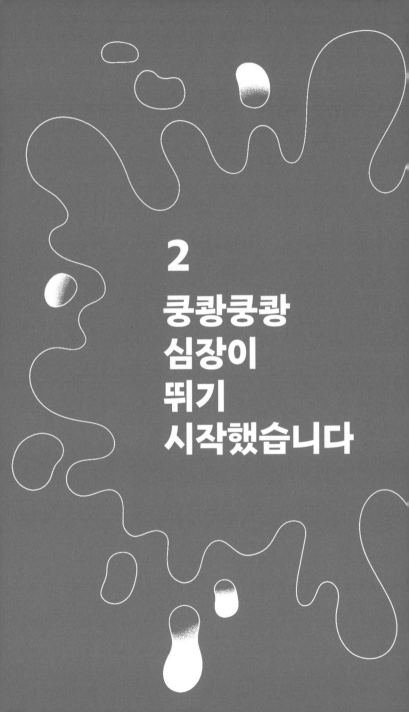

2

**쿵쾅쿵쾅
심장이
뛰기
시작했습니다**

의심과
확신 사이에서

간혹 정신과가 아닌 가정의학과나 내과, 응급실을 찾은 환자들이 해당과 의사들로부터 공황장애가 '의심'된다는 이야기를 듣고 자신이 공황장애라고 여기는 경우가 있습니다. 그러나 정신과 전문의가 아니면 공황발작과 공황장애의 차이를 가려내기가 쉽지 않습니다. 그래서 해당과 의사들도 '의심(의증)'이라고 얘기하는 것이지요. 의학적으로 의심은 공황장애 진단 '가능성'이 있다는 이야기입니다. 공황장애로 확진된 게 아니라 의심되는 수준에 불과하다는 뜻입니다.

공황장애는 정신과 전문의와의 진료를 통해 정확히 진

단할 수 있습니다. 코로나-19 바이러스 검사로 비교해보자면 일반과에서의 의심은 자가진단키트 검사 정도의 정확성이고, 정신과에서의 진단은 PCR 검사 결과라고 보면 됩니다. 의심과 진단의 차이가 이렇게 크지만, 일반인들은 구분하기 어렵기 때문에 반드시 정신과에서 면밀한 진단을 받은 뒤 판단해야 합니다.

공황장애는 단순히 심한 불안감을 느끼는 질환이 아닙니다. DSM-V에서는 공황발작이 발생한 뒤 예기불안과 회피반응 중 하나 또는 두 증상 모두 존재해야 공황장애로 진단합니다. 여기서 공황발작은 명확한 원인 없이 갑자기 발생하는 죽을 것 같은 공포와 두려움, 심한 가슴 두근거림이나 숨 막힘, 흉통 등의 신체적 증상으로 이어지는 걸 말합니다. 공황발작을 경험한 환자는 이 공포스러운 경험을 다시 겪게 될까 봐 늘 두려워하고(예기불안), 그럴 만한 상황을 피하려고 애쓰게(회피반응) 되지요. 이와 같은 예기불안과 회피반응이 둘 다 또는 둘 중 하나가 1개월 이상 존재해야 비로소 공황장애로 진단할 수 있는 겁니다.

간단해 보이지만 공황발작의 양상과 예기불안을 느끼는

정도, 불안을 피하기 위해 어느 수준까지 회피반응이 이뤄지는지 등은 사람마다 다르게 나타납니다. 그 정도를 종합적으로 고려해서 파악해야만 환자가 어느 정도 수준인지, 또 효과적인 치료 방법은 무엇인지 고민해볼 수 있습니다. 그럼 지금부터 공황장애의 구체적인 증상과 특징에 대해 자세히 알아보도록 하겠습니다. 여러분이 지금 겪고 있는 증상이 어느 정도 일치하는지 꼼꼼히 체크해보시기 바랍니다.

공황장애가
의심됩니다

　불현듯 가슴이 답답해지거나 숨을 쉬기 어렵다고 느껴본 적이 있나요? 불안한 상황이 아님에도 다시 비슷한 상황이 올까 봐 겁이 난 적이 있나요? 지하철을 타다가 갑자기 '중간에 내리고 싶거나 대중교통을 이용하기 무서워서 처음부터 피한 적은 없나요? 이제는 대중매체를 통해서 공황장애가 상당히 많이 알려졌지만, 여전히 공황장애라는 질환에 대해 잘 모르고 정신과가 아닌 병원에 내원하며 병을 키우는 분들이 많습니다. 반대로 공황장애에 대한 잘못된 정보들로 인해 스스로 공황장애라고 지레짐작하는 분들도 있습니다.

공황장애 여부를 확인해볼 수 있도록 정신과에서 가장 많이 활용하는 '공황장애 심각도 척도Panic Disorder Severity Scale, 이하 PDSS'검사[1,2] 를 소개합니다. PDSS는 일곱 가지 질문을 통해 공황장애 유무와 그 심각도를 구분하는 검사지로, 공황발작의 유무와 심각도, 예기불안, 회피행동, 그리고 이로 인한 일상이나 사회생활에서의 기능 저하가 어느 정도인지 알아볼 수 있습니다. 아래 내용을 살펴보고, 지난주 경험한 것을 가장 잘 묘사하는 응답에 해당하는 항목을 선택해보시기 바랍니다.

공황장애 심각도 척도 검사

1	지난주 동안 공황발작 또는 제한된 증상을 얼마나 자주 경험했습니까?	
☐	공황이나 제한된 증상 없음.	0
☐	완전한 공황발작은 없고, 제한된 증상은 하루에 1회를 넘지 않음.	1
☐	주1~2회의 완전한 공황발작 혹은 하루에 제한된 증상 발작을 여러 번 경험.	2
☐	주3회 이상의 완전한 공황발작. 그러나 평균 하루에 1회 이상은 아님.	3
☐	하루에도 여러 번 완전한 공황발작이 일어남.	4
2	만약 지난주에 공황발작이 있었다면, 공황발작이 일어날 때 얼마나 불쾌했습니까?	
☐	공황발작이나 그로 인한 불쾌감 없었음.	0

☐ 경도의 불쾌감(그다지 강하지 않았음).	1
☐ 중등도의 불쾌감(강하긴 했지만 견딜 만했음).	2
☐ 심한 불쾌감(매우 강했음).	3
☐ 극심하고 심각한 고통감(모든 발작 동안 극심하게 고통스러웠음).	4

3 지난주 동안 다음 공황발작이 일어날까 봐, 혹은 발작과 관련된 공포에 대해서 얼마나 불안하고 걱정했습니까?

☐ 전혀 염려하지 않았음.	0
☐ 간혹 걱정하거나 약간만 염려했음.	1
☐ 자주 걱정하거나 중간 정도 염려했음.	2
☐ 매우 자주 걱정하거나 매우 방해가 될 정도였음.	3
☐ 거의 지속적으로 경험했으며, 아무것도 할 수 없을 정도였음.	4

4 지난주 동안 공황발작이 올 것 같은 공포 때문에 어떤 장소나 상황을(예-대중교통, 극장, 군중들 속, 터널, 다리 쇼핑몰, 혼자 있을 때) 회피했거나, 두려움을 느낀 적이 있습니까?

☐ 전혀 아님. 두려움이나 회피가 전혀 없었음.	0
☐ 종종 두려움이나 회피가 있기는 했지만, 평소대로 상황에 직면하거나 참을 수 있었음. 일상생활을 조정할 필요는 거의 또는 전혀 없었음.	1
☐ 현저한 불안이나 회피가 있었으나 견딜 만했음. 두려운 상황을 피하기는 하지만 동료와 함께 있으면 직면할 수 있었음. 일상생활에 약간의 조정이 필요하나 전반적인 기능 손상은 없었음.	2
☐ 극심하게 회피했음. 회피 때문에 일상 활동하는 것이 힘들었고, 중요한 과제를 수행할 수 없었음.	3
☐ 광범위한 공포나 회피를 보였음. 일상생활의 수정이 강력히 필요했으며, 중요한 과제를 수행할 수 없었음.	4

5	지난주 동안 공황발작 시 경험하는 것과 유사한 신체 감각을 일으키거나, 혹은 공황발작을 야기할까 봐 두려워서 어떤 활동(예-신체적 운동, 성관계, 뜨거운 물로 샤워나 목욕하기, 커피 마시기, 흥분되거나 무서운 영화 보기)을 회피했거나, 두려움을 느낀 적이 있습니까?	
☐	신체 감각의 불편감 때문에 특정 상황이나 활동을 피하거나 두려워한 적이 있었음.	0
☐	종종 두려움이나 회피가 있기는 했지만, 평소대로 거의 불편감 없이 신체적 감각을 야기하는 활동과 상황을 직면하거나 참아낼 수 있었음. 이로 인한 일상생활의 수정이 거의 필요하지 않았음.	1
☐	현저한 회피가 있기는 하나 견딜 만했음. 완전히는 아니지만 제한적으로 일상생활의 수정이 필요했음.	2
☐	강한 회피를 보였음. 생활 방식의 근본적인 수정 필요성을 느꼈거나, 기능상 실질적인 방해를 받았음.	3
☐	광범위하고 치명적인 회피를 보였음. 일상생활의 광범위한 수정이 필요하다고 느꼈으며, 중요한 과제나 활동을 수행하지 못했음.	4
6	지난주 동안 상기 증상들 모두 집안일을 하거나 직장에서 업무를 수행하는 데 얼마나 방해를 했습니까?	
☐	집이나 직장에서 공황장애 증상으로 방해받은 적이 전혀 없었음.	0
☐	집안일이나 직장에서의 업무 수행에 약간 방해를 받았음. 그러나 문제가 없을 경우와 마찬가지로 거의 모든 일을 처리할 수 있었음.	1
☐	집안일이나 직장에서의 업무 수행에 현저하게 방해를 받았음. 그러나 여전히 해야 할 일을 처리할 수 있었음.	2
☐	집안일이나 직장에서의 업무 수행에 근본적인 손상이 있었음. 이런 문제들 때문에 할 수 없는 중요한 일들이 많았음.	3
☐	극심했음. 치명적인 손상, 증상 때문에 집안일이나 직장에서의 업무 수행을 전혀 할 수가 없었음.	4

7	지난주 동안 공황발작, 제한된 증상으로 인한 상황 및 활동에 대한 두려움이 사회 활동을 얼마나 방해했습니까?	
☐	전혀 방해받지 않았음.	0
☐	사회 활동에 약간 방해를 받았음. 그러나 문제가 없을 경우와 마찬가지로 거의 모든 일을 처리할 수 있었음.	1
☐	사회 활동에 현저하게 방해를 받았음. 그러나 노력하면 거의 모든 일을 처리할 수 있었음.	2
☐	사회적 수행에 근본적인 손상이 있었음. 이러한 문제 때문에 할 수 없는 사회적 일들이 많았음.	3
☐	극심했음. 치명적인 손상, 증상 때문에 어떠한 사회 활동도 하기가 힘들었음.	4

총점　　/ 28점

　　검사하면서 불안이 심한 상태를 표현하는 '공황발작'이라는 단어가 생소하게 느껴졌던 분도 분명 있을 겁니다. 이에 대한 내용은 바로 뒷장에서 다루도록 하겠습니다.

　　공황장애 심각도 척도 검사 점수가 보통 8점 이상이면 공황장애를 의심하고, 16점 이상이면 매우 심한 공황장애 상태라고 봅니다. 다만 PDSS는 본래 자기보고식이 아니라 의사 등의 평가자가 환자와 면담한 뒤 기록하는 검사지입니다. 그러므로 공황장애가 의심되는 상황인지, 만약 그렇다면 그 정도가 얼마나 심한지에 대해서는 참고용으로만 살펴보고, 자세한 검사는 반드시 병원을 방문해 해보길 권유합니다. 공황장애는 척도 검사 점수 외에도 다른 질환이나 불안장애를 꼼꼼하게 확인해보고 판단해야 하는 중요한 질환이기 때문입니다. 참고로 공황장애를 병원에서 어떻게 진단하는가에 대해서는 4장에서 다룰 예정입니다.

PDSS에서 점수가 높게 나온 독자분이라면 이미 일상생활이나 직장, 사회생활에 지장이 생겼거나 도움이 필요한 경우가 많았으리라 생각됩니다. 이런 분들에게 도움이 될 만한 공황장애 치료법에 대해서는 5장에서 자세하게 소개하겠습니다.

공황발작으로
죽을 것 같아요

45세 남성 H씨는 중요한 회사 행사 진행을 위해 미국 출장길에 올랐다. 현지에서 H씨는 낮에는 행사를 준비하며 긴장한 상태로 지냈고, 밤에는 시차 문제로 잠이 오지 않아 거의 매일 술을 마셨다.

그렇게 행사 준비를 거의 끝마쳤을 때쯤이었다. 상사가 H씨를 부르더니, 정말 고생했다며 이번 행사에서 가장 중요한 발표를 맡아보는 게 어떻겠냐고 말했다. 갑작스러운 제안에 H씨는 부담을 느꼈지만, 동시에 자신에게 온 좋은 기회를 놓칠 수 없다고 생각해 잠을 줄여가면서 연습했다.

행사 시작 30분 전, H씨는 몸에 이상 증상을 느꼈다. 갑자기 가슴이 심하게 요동치면서 온몸이 떨리고 식은땀이 나기 시작했다. 숨도 잘 쉬어지지 않고, 앉기도 서기도 어려울 정도로 안절부절못했다. 급기야 몸을 전혀 움직일 수 없는 상태에 다다랐고, 이러다 전신이 마비될지도 모른다는 극심한 불안감과 죽을 것 같은 공포감을 느꼈다. 행사 시작이 임박해오는데도 증상은 완화되기는커녕 점점 더 심해졌다. 결국 H씨는 급히 주변에 도움을 요청해 병원 응급실로 향했고, 안정제 주사를 맞고 난 뒤에야 비로소 안정을 찾을 수 있었다.

H씨의 이야기를 들어보면 '앗, 저것은 공황장애다!'라는 생각이 듭니다. 그러나 의학적 관점에서 보면 H씨는 아직 공황장애라고 할 수 없습니다. 그 이유가 무엇일까요? 답을 알아보기 전에 H씨가 처한 상황을 구체적으로 분석해보겠습니다.

H씨는 회사의 중요한 행사를 앞두고 긴장감을 크게 느낀 데다 시차 부적응으로 인한 수면장애, 이를 해결하기 위

한 지속적인 음주, 발표 준비로 인한 스트레스 등 공황발작 발생에 영향을 줄 만한 여러 상황적 요인을 겪었습니다. 여기에 발표 직전의 불안감이 가중되면서 극단적인 상황이 발생한 거지요. 불규칙하고 빠른 가슴 두근거림, 땀 흘림, 몸 떨림, 숨이 막히는 느낌 등 네 가지 이상의 신체적 증상과 '이러다 죽을 것 같다'는 공포감, 통제력을 잃은 상태 등은 분명 공황발작의 증상이 맞습니다.

이렇게 공황발작은 예측할 수 없이 갑작스럽게 발생하는 강렬한 공포감을 느낌과 동시에 다음 열세 가지 증상 중 네 가지 이상이 동반되는 경우를 말합니다.

① 심계항진(불규칙하거나 빠른 심장 박동이 비정상적으로 느껴지는 증상)

② 땀 흘림

③ 몸의 떨림 또는 흔들거림

④ 숨 가쁨

⑤ 질식감

⑥ 흉통(가슴 통증 또는 불편한 느낌)

⑦ 메스꺼움 또는 복부 불편감

⑧ 현기증

⑨ 오한 또는 열감

⑩ 지각 이상

⑪ 비현실감 또는 이인증

⑫ 통제력을 잃거나 미칠 것 같은 두려움

⑬ 죽을 것 같은 두려움

공황발작 증상 중 ①부터 ⑪까지는 심한 불안감을 느낄 때 동반되는 신체적 증상이고, ⑫와 ⑬은 심리적 증상입니다. 지금부터 각각의 증상에 대해 구체적으로 살펴볼 건데요. 이 가운데 ④와 ⑤, ⑫와 ⑬은 유사한 부분이 있으니 한 카테고리로 묶어서 설명하겠습니다.

① 심계항진은 불규칙하거나 심장 박동이 비정상적으로 빠르게 느껴지는 증상을 말합니다. 보통 '가슴이 빨리 뛴다', '가슴이 두근거린다'라고 표현하는데, 심한 경우 '심장이 쿵 하고 내려앉는다', '심장이 터질 것 같다'고도 합니다. 이런 상황에서는 불안감과 죽음에 대한 공포를 느낄 수

있습니다.

우리 몸이 위협을 느끼고 긴장 상태가 되면 위협에 반격하거나 도망치기 위한 생리적 반응인 투쟁-도피 반응Fight or Flight Response을 보입니다. 이때 필요한 에너지를 만들기 위해 신진대사가 활발해지면서 혈압이 높아지고 맥박과 호흡이 빨라지는데요. 체내에 공급된 산소는 혈액을 통해 몸 전체로 퍼져서 포도당과 결합해 에너지를 생성하게 됩니다. 그렇게 몸 전체로 퍼진 동맥혈과 에너지는 열을 발생시키는데, 이 열이 세포를 손상시키기 때문에 우리 몸은 열을 식히기 위해 땀을 배출하게 되지요. 이 과정을 보통 우리는 ② 땀 흘림 증상이라고 부릅니다.

투쟁-도피 반응이 일어나면 근육의 긴장도가 높아져서 ③ 몸의 떨림 또는 흔들거림을 경험하기 쉽습니다. 주먹을 아플 정도로 힘껏 쥐어보면 처음에는 힘이 들어가서 주먹과 팔이 단단해지지만, 얼마 뒤에는 손과 팔이 떨리는 것처럼 말입니다. ④ 숨 가쁨과 ⑤ 질식감 역시 투쟁-도피 반응 때문입니다. ② 땀 흘림 증상에서 언급했듯이 투쟁-도피 반응이 발생하면 우리 몸은 더욱 많은 산소를 필요로 합니다. 필요한 산소를 공급하기 위해 호흡이 빨라지고, 깊은 호흡보다는 얕고 빠른 호흡을 하게 되는 것이지요. 그 결과 숨을 충분히 쉬지 못한다는 느낌을 받습니다. 심한 경우 갑자기 숨이 턱 막히면서 질식할 것 같다는 느낌이 들기도 합니다.

⑥ 흉통(가슴 통증)은 공황발작에서 가장 흔한 증상입니다. 캐나다 몬트리올 대학의 리차드 플릿 박사가 주도한 연구에 따르면 441명의 흉통 환자 가운데 108명이 공황장애 기준에 부합한다는 결과가 있습니다.[3] 그러나 보통 사람들은 내외과적 원인으로 발생한 흉통과 공황발작에서의 흉통을 구분하기 어려워 응급실로 가거나, 심장내과, 흉부외과 등을 먼저 방문하기도 합니다. 공황발작에서 흉통이 발생하는 이유는 여러 가지가 있는데, 투쟁-도피 반응으로 인한 근육의 긴장도가 높아지면서 심장 주변의 갈비뼈 사이 흉벽 근육 긴장도가 높아지는 현상, 심장에 혈액을 공급하는 관상동맥의 일시적 경련 등을 주요 원인으로 보고 있습니다.[4]

공황발작과 같이 심한 불안감을 경험할 경우, 소화기관

의 기능이 변화한다는 연구 결과도 있습니다. 투쟁-도피 반응이 발생하면 우리 몸은 많은 에너지를 필요로 합니다. 그래서 우리 몸은 생산된 에너지를 선택적으로 분배하기 시작합니다. 불안에 대응하는 신체 기관(팔다리 근육 등)에는 혈액을 많이 공급하지만, 소화기관의 경우 불안에 직접 대응하는 기관이 아니어서 혈액 공급이 상대적으로 줄어듭니다. 그 결과 소화가 잘되지 않고 ⑦ 메스꺼움 또는 복부 불편감을 느낄 수 있습니다. 또 불안감이 지속되면 위와 장 근육의 긴장도가 높아져 이 같은 증상이 더욱 심화됩니다.

또한 투쟁-도피 반응이 발생할 때는 불규칙적인 혈압의 변화가 귀 쪽에 발생해 우리 몸의 균형을 담당하는 전정기관에 영향을 줘서 ⑧ 현기증을 느낄 수 있습니다. 투쟁-도피 반응 시 발생하는 신경전달물질Neurotransmitter의 변화가 전정기관에 영향을 주어 어지럼증을 유발한다는 이론도 있습니다.

⑨ 오한 또는 열감도 투쟁-도피 반응과 관련이 있습니다. 우리 몸은 불안을 느끼면 내부의 온도를 낮춥니다. (시상하부의 작용으로 추측되지만, 정확한 기전은 아직 알려지지 않았습니

다.) 투쟁-도피 반응이 격해지면 근육에서 에너지를 쓸 때 열이 발생하기 때문에 미리 준비하는 것이지요. 이때 오한을 느끼는 경우가 있습니다. 이렇게 신진대사가 활발해지면 몸 전체의 혈액의 흐름도 늘어납니다. 그런데 이 혈액들은 대부분 근육에서 나온 열을 품고 있어 이러한 혈액이 자주 다니는 신체 기관에서는 열감을 느끼기도 합니다. 또, 앞서 ② 땀 흘림 증상에서 설명했듯이 투쟁-도피 반응이 진행되면 우리 몸은 땀을 통해 열을 많이 배출합니다. 당연히 이 과정에서 오한이나 열감을 느낄 수 있겠지요?

⑩ 지각 이상은 주로 손발 저림, 감각 이상으로 불리는 증상입니다. 공황발작을 경험한 많은 환자분이 '손발이 저리거나 차다', '감각이 없다', '마비된 것 같다', '남의 살 같은 느낌이 든다', '혈액순환이 안 된다'라고 이야기합니다. ⑦ 메스꺼움 또는 복부 불편감에서 말한 것과 같이 우리 몸은 불안에 대응하면서 생산된 에너지를 필요한 부위에 선택적으로 분배합니다. 대부분 큰 근육으로 혈액을 많이 보내고, 손가락 끝, 발가락 끝 등 감각신경이 많이 분포한 곳으로는 거의 보내지 않지요. 그래서 해당 부위는 만성적

인 혈액 부족에 시달리고, 이는 감각 이상으로 이어지게 됩니다. 또 불안이나 만성적인 스트레스가 있을 때 우리 몸은 평소보다 과민하게 반응하게 되어 평소에는 익숙하던 감각들이 낯설게 느껴지기도 합니다.[5]

⑪ 비현실감 또는 이인증은 주로 함께 발생합니다. 공황 발작뿐 아니라 불면증, 뇌전증, PTSD 등 다른 질환에서도 발생하는 증상입니다. 비현실감은 '나는 그대로인데 주변이 갑자기 변한 것 같다', 이인증은 '주변은 그대로인데 내가 변한 것 같다'라고 표현할 수 있습니다. 특히 이인증의 경우, 갑자기 의식이 멍해지거나 집중력이 떨어지면서 자신이 '나'와 분리돼 밖에서 '나'를 바라보는 것처럼 느껴집니다. 마치 꿈속에서 자신이 하는 행동을 바라보는 것처럼 말입니다. 내가 주인공으로 등장하는 영화를 보는 것 같다고 이야기하는 사람들도 있습니다.

반면 비현실감은 자신은 그대로인데, 갑자기 주변 사람들이 이전과 다르게 느껴지거나 진짜가 아닌 느낌이 드는 증상입니다. 심지어 가족들이 낯설게 느껴지거나, 최근에 일어난 일이 오래전의 일로 느껴지기도 하지요. 이런 증상은 주로 불안이 고조되면서 발생합니다. 이 증세가 지속되거나 반복되면 불안감과 두려움이 더 커지면서 증상이 빈번해지거나 심해지는 등 악순환을 겪게 됩니다.

공황발작으로 호흡 곤란, 몸 떨림, 흉통 등 다양한 신체적 증상을 경험하면 환자는 불안해집니다. 휴식 취하기, 심호흡하기, 가슴을 주먹으로 치기, 돌아다니기 등의 활동을 통해 불안을 가라앉히려고 노력하지만 신체적 증상을 통제하기란 매우 어렵습니다. 그렇게 심리적 불안이 극도에 다다르게 되면 ⑫ 통제력을 잃거나 미칠 것 같은 두려움, ⑬ 죽을 것 같다는 두려움도 느끼게 됩니다. 이 역시 불안감을 키우는 악순환으로 이어지게 되지요.

처음 공황발작을 일으키는 환자를 분석해보면 대부분 선행되는 요인이 있습니다. 보통 가족 간의 갈등, 입대, 업무 스트레스, 과도한 음주, 교통사고 등과 같은 상황을 겪은 뒤 공황발작이 발생합니다. 이후 유사한 스트레스를 겪으면서 재발하기도 하지만, 특별한 원인 없이 발생하는 경우도 많습니다. 평소와 같은 출근길에, 식사하는 도중에, 데이트나 운동할 때, 자다가 중간에 깼을 때 갑작스럽게 찾아오는 거지요.

공황발작이 발생하면 위에서 언급한 다양한 신체적 증상이 동반됩니다. 단순히 불안하다는 수준을 넘어 정말 죽을 것 같은, 또는 이러다가 미칠 것 같은 공포감이 초반 10분 동안 급격히 상승하고 20~30분 동안 지속하다 완화됩니다. 다만 1시간을 넘기는 경우는 극히 드뭅니다.

또한 '숨이 막혀서 죽을 것 같다'라는 호흡기 증상, '가슴이 콱 막히고 흉통이 느껴지며 심장이 너무 빨리 뛰어서 이러다가 심장이 멈춰서 죽는구나'라는 심혈관계 증상을 느끼는 경우가 많습니다. 그래서 공황발작을 처음 겪으면 보통 응급실로 가거나 내과에 검사를 받으러 가는데, 검사상 큰 이상이 없어서 약 처방도 없이 귀가하는 사람이 대부분입니다.

간혹 정신과를 찾는 분들 가운데는 이렇게 말씀하는 경우도 있습니다.

"설거지하는데 갑자기 가슴이 답답하고 숨이 막혔습니다. 이러다 죽겠다 싶어서 얼른 설거지를 끝마치고 옷을 갈아입고 겨우 운전해서 왔어요."

이분도 H씨처럼 공황발작을 일으켰다고 볼 수 있을까요? 답은 '아니오'입니다. 물론 오랫동안 공황장애를 겪어 공황발작 경험이 많은 사람은 위 사례처럼 침착하게 대응하는 경우도 있습니다. '공황장애로는 절대 죽지 않는다'는 사실을 잘 알고 있거든요. 그러나 공황발작을 겪은 환자 대부분은 정말 죽을 것 같은 공포감에 즉시 주변의 도움을 요청하거나, 119 구급차를 타고 응급실을 찾습니다.

잠깐, 그래서 H씨는 왜 의학적 관점으로 보았을 때 아직 공황장애가 아니냐고요? 공황발작 증상에 대한 설명을 하느라 이야기가 멀리 왔네요. H씨의 이야기를 조금 더 들어봅시다.

예기불안과 회피행동으로
일상이 무너졌습니다

> 귀국 후 H씨는 정신과에 내원해 상담과 약물 치료를 시작했다. H씨의 상황은 좋지 않았다. 공황발작이 재발할까 봐 걱정되어 회사의 행사 진행 업무에서 물러났고, 장거리 비행기를 타는 것도 두려워 아예 해외 출장이나 여행도 포기했다. 다만 개인적·업무적으로 불편함은 있었으나 공황발작에 대한 불안감은 줄어들어 H씨는 이에 만족했다.

H씨는 미국에서의 공황발작 이후로 정신과에 가서 상담과 투약을 시작했고, 공황발작이 재발할까 두려워(예기불안)

행사 진행과 장거리 비행을 포기했습니다(회피행동). 만약 H 씨의 이런 증상이 1개월 이상 이어지며 일상에 많은 변화를 끼쳤다면 H씨는 공황장애가 맞는다고 진단할 수 있습니다. 하지만 예기불안과 회피행동 없이 금방 일상생활이 가능해졌다면 '일회성 공황발작'이라고 보는 게 맞습니다.

여기서 말하는 예기불안과 회피행동은 구체적으로 어떤 것일까요? '예기불안'은 공황발작을 다시 경험할 것을 예상하고, 작은 신체적인 변화에도 예민하게 반응하며, 이런 변화가 공황발작으로 이어지지 않을까 두려워하는 현상을 말합니다. 불안과 공황발작의 악순환이 반복되는 겁니다. 이런 분들은 늘 자신의 몸 상태와 주변 상황에 신경을 곤두세우고 있습니다. 혹시 모를 위험을 감지하기 위해 신체의 모든 레이더를 365일 24시간 가동하는 거지요. 그래서 평소 신경 쓰지 않던 작은 소리에도 화들짝 놀라 반응하는 등 과민함이 심해지는 변화를 겪습니다.

'회피행동'은 공황발작이 발생했던 것과 비슷한 상황은 물론, 그보다 더 광범위한 상황마저 피함으로써 공황발작이 일어날 가능성을 최소화하려는 행동입니다. 예를 들어,

인파가 몰린 출근길 지하철에서 공황발작을 느껴 응급실에 간 경험이 있는 사람이 그 뒤로 지하철을 타지 못하는 것은 물론, 저 멀리서 지하철역 간판만 봐도 가슴이 뛰고 숨이 턱턱 막혀 일부러 빙 돌아가는 것처럼 말입니다. 사람이 많은 공간에 가면 공황발작이 일어날 것 같아 지하철뿐만 아니라 마트, 영화관, 백화점도 가지 못하고 모든 쇼핑을 인터넷으로 해결한다거나, 공황발작 당시의 심장 두근거림과 숨 가쁨 경험 때문에 평소 즐기던 조깅이나 헬스를 그만두는 등 일상에서의 행동 변화를 유발하는 것 역시 회피행동입니다.

공황장애를 진단할 때는 공황발작을 경험한 뒤 예기불안과 회피행동이 1개월 이상 지속된다는 조건이 매우 중요합니다. 공황발작은 공황장애뿐 아니라 범불안장애나 특정공포증 등의 다른 불안장애, PTSD, 우울증 등에서도 경험할 수 있는 하나의 증상입니다. 또 기저 질환이 없더라도 외적인 상황에 따라 누구나 경험할 수 있습니다.

공황발작 뒤에 예기불안과 회피행동을 보이다가도 바쁜 일상 속에서 잊어버리는 사람도 상당합니다. 시간이 흘러 아무 일도 일어나지 않으면 '괜찮구나' 하면서 안심하는 것이지요. 설사 기억하더라도 그 당시의 불안감까지는 느끼지 못하는 사람, 자연적으로 회복하거나 본인의 노력으로 극복한 사람까지 공황장애로 보진 않습니다. 이러한 이유로 진단 기준에 증상이 최소 1개월 이상 지속해야 한다는 조건이 붙은 것입니다.

공황발작 증상을 몇 번 겪었음에도 다행히 예기불안과 회피행동이 없이 잘 넘어가는 사람들이 생각보다 많습니다. 흐로닝언 대학의 피터 데 용 박사가 세계보건기구World Health Organization, WHO에서 25개국 14만 2,949명을 대상으로 시행한 세계정신건강조사World Mental Health Survey의 자료를 분석한 연구 결과에 따르면, 평생 공황발작 증상을 한 번이라도 경험한 사람의 비율은 13.2%에 달하지만, 공황장애의 평생 유병률은 1.7%에 불과했습니다. 공황발작을 경험한 사람 중 불과 약 8분의 1만이 공황장애로 진단받는다는 이야기입니다.[6] 역으로 생각하면 나머지 8분의 7은 공황발작을 경험했음에도 불구하고 별일 없이 잘 지낸다는 말입니다. 그러므로 공황발작이 왔다고 해서 무조건 당황하거나 좌절할 필요는 없습니다. 정확한 진단은 정신과 전문의를 찾아 충분한 이야기를 나눈 뒤 받아도 늦지 않습니다.

*

공황장애는 일상에 제약이 생기고 직장, 사회생활, 대인관계에도 큰 영향을 미치는 질병입니다. 공황발작이 일어나면 응급실을 찾아야 할 정도로 건강이 안 좋아지고, 예기불안이나 회피행동은 평소의 루틴을 망가뜨려 삶을 피폐하게 만들지요.

그러나 사람들은 공황장애 진단을 받고도 활발히 활동을 이어가는 연예인이나 스포츠 스타를 보면서 공황장애가 큰 병이 아니라고 오해합니다. 일부 공황장애 환자들은 '저 사람들은 공황장애를 가지고도 잘 사는데 나는 왜 이럴까?' 하며 그들과 자신을 비교하고 자책하며 우울감을 느끼기도 하고요. 하지만 중요한 사실은 대중에게 노출되지 않을 뿐, 그들 역시 방송이나 경기가 아닌 일상생활에서는 일반 공황장애 환자들과 다를 바 없이 힘들어한다는 점입니다.

괜한 비교로 자존감과 자신감을 잃고, 불안과 두려움을 느끼지 않기 위해서는 공황장애에 대해 정확히 아는 것이 최우선입니다. 그래야만 흔들리지 않고 치료를 이어갈 수 있으며, 궁극적으로는 공황장애로부터 자유로워질 수 있습니다.

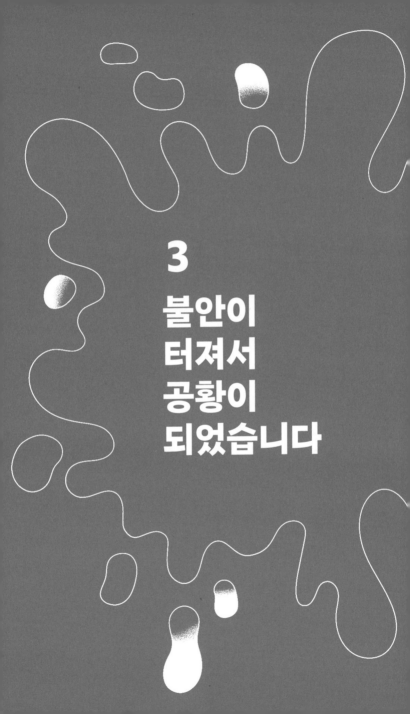

3
불안이
터져서
공황이
되었습니다

공황이 찾아오는
다섯 갈래의 길

25세 직장인 여성 I씨는 3개월 전 회사에서 갑자기 가슴이 두근거리고 숨이 막히는 경험을 했다. 20분 가까이 어지럽고 쓰러질 것 같은 느낌이 들어 이러다 죽을 수도 있겠다 싶었다. 하지만 다행히 증상은 빠르게 나아졌고, I씨는 가까운 내과 의원을 찾아 심전도, 흉부 엑스레이, 혈액 검사를 포함한 진료를 받았다. 검사 결과 의사는 특별한 이상이 없다고 말했다.

I씨는 왜 그런 증상이 생겼는지 이해할 수 없었다. 다만 또 비슷한 증상이 생길까 봐 조마조마했다. 그러던 중 최근 다시 한 차례 비슷한 증상을 겪고 응급실을 찾게 되

었는데, 담당 의사는 이상 소견이 전혀 없다고 설명하며 정신과 진료를 권유했다. I씨는 정신과에서 면담과 검사를 통해 공황장애 진단을 받았다. ”

I씨는 왜 공황발작 증상을 보였고, 공황장애 진단을 받았을까요? 앞에서 밝히지 않은 I씨의 사연을 마저 살펴보며 원인을 분석해보겠습니다.

I씨는 가족들에게 자신이 겪은 일들을 이야기하다가, 어머니가 젊은 시절 몇 차례 자신과 비슷한 증상을 경험한 적이 있다는 사실을 알게 되었습니다(유전적 요인).

또 I씨가 경험한 두 번의 공황발작은 모두 회사에서 발생한 것이었습니다. 이야기를 나누다 보니 최근 직장 동료 한 명이 회사에 나오지 못해 I씨의 업무량이 상대적으로 늘었고, 그로 인해 심한 부담감을 느꼈다는 사실을 알게 되었습니다. 자신이 힘들다는 걸 주변에 알리지 못하고 혼자 끙끙 앓다 보니 마음의 짐이 켜켜이 쌓였던 것이지요(환경적 요인).

가정 내에서는 불화가 있었습니다. 어릴 적부터 I씨의 아버지는 가족에게 폭력을 자주 행사했습니다. 초등학교 시절에는 부모님의 이혼을 경험했고, 그 뒤로는 어머니와 단둘이 지내면서 어머니마저 자신을 떠날까 봐 늘 불안해했습니다. 성인이 돼서도 어머니에게 상당 부분 의존하며 지냈고, 그런 자신의 모습이 썩 내키지는 않았지만 별수 없다고 생각했습니다. 어머니와 떨어져 산다고 상상하면 마음만 더 불안해질 뿐이었으니까요(심리적 요인).

I씨는 어머니뿐만 아니라 다른 사람에게도 의존하는 성향을 띄었습니다. 업무도 주도적으로 하기보다는 누군가 지시하면 그 방향을 따르는 쪽이 훨씬 편했습니다. 남들에게 싫은 소리를 못 해서 회사 안에서는 '예스맨'이라고도 불렸습니다. I씨의 환경적 요인이기도 한 '과도하게 늘어난 업무량'에는 사실 다른 사람의 부탁을 거절하지 못하는 성격이 한몫을 차지했던 거지요(성격적 요인).

I씨의 뇌 검사 결과에도 문제가 있었습니다. '공포 회로'라고 불리는 신경망이 과활성화되어 있었고, 기분이나 감정, 행동을 주관하는 세로토닌Serotonin, 노르에피네프린Norepinephrine, 가바GABA와 같은 신경전달물질들이 교란된 탓

에 불안해하지 않아도 되는 상황에서 불안감을 지나치게 느끼는 현상이 발견되었지요(신경화학적 요인).

I씨를 통해 발견한 공황장애 요인은 크게 다섯 가지입니다. 유전적·환경적·심리적·성격적·신경화학적 요인. 현재까지 의학계는 공황장애의 발생 원인을 복합적이라고 판단하고 있습니다. 특히 유전적 요인이 있는 사람이 환경적 트리거를 경험하게 되면 발병하는 경우가 흔합니다. I씨처럼 공황장애의 가족력이 있는 사람이 과도한 업무 등 스트레스가 심한 환경에 노출되면 공황 증세가 더욱 발병하기 쉽다는 얘기지요. 뒤에서 조금 더 구체적으로 살펴보도록 하겠습니다.

내 DNA에 잠재된
유전적 요인

> 24세 여성 J씨는 최근 정신과를 찾아 공황장애를 진단받았다. 낌새가 이상함을 눈치챈 쌍둥이 언니가 병원에 가볼 것을 권유한 덕분이었다. 쌍둥이 언니 또한 과거에 우울증 진료를 받았던 경험이 있기에 정신과에 대한 거부감이 없었던 것이다. 이 과정에서 J씨는 언니가 우울증 치료를 받는 동안 자신과 비슷한 공황발작을 경험했다는 사실을 알게 되었다. J씨는 공황장애를 처음 겪고 많이 놀랐지만, 언니가 치료받아 완치된 경험담을 듣고 희망을 가졌다.

J씨와 같이 공황장애 환자 중에는 가족력이 있는 경우가 많습니다. 환자 본인뿐만 아니라 부모, 형제자매, 자녀가 공황장애에 걸릴 가능성은 다른 정신과 질환에 비해 4~8배 높습니다. 그만큼 유전적 소인이 강하지요. J씨처럼 쌍둥이인 경우에는 유전율이 40%에 달합니다.

또한 공황장애 환자의 90%는 다른 정신과 질환을 동반할 수 있으며, 3명 중 1명은 공황장애 발병 전 우울증을 앓았을 가능성이 높습니다. J씨의 쌍둥이 언니처럼 공황장애를 동반 질환으로 가지고 있었으나 확인되지 않았던 경우도 임상에서 자주 목격됩니다.

공황장애의 유전적 요인에 대한 연구는 지금도 활발하게 진행되고 있습니다. 공황장애 유발 의심 유전자를 선택적으로 분석하거나, 정상인과 공황장애 환자의 모든 유전체를 대조·비교하는 전장유전체 상관분석연구Genome-Wide Association Study, GWAS 등이 대표적입니다.

다만 공황장애의 높은 유전율을 확인했음에도 불구하고 아직 공황장애를 유발하는 단 하나의 특정 염색체 부위 또는 유전 방식을 특정하지는 못하고 있습니다. 추후 유전적

요인을 제거하거나 예방할 수 있는 치료법이 개발된다면
공황장애 발병 확률도 크게 떨어지지 않을까 기대합니다.

트리거를 당기는
환경적 요인

> 30세 남성 K씨는 결혼을 전제로 교제하던 여자친구와 결별하고 최근 공황발작이 시작됐다. 헤어진 여자친구만 생각하면 갑자기 가슴이 두근거리고 숨이 막혔는데, 주변에서 자꾸 여자친구 잘 지내냐며 안부를 묻는 통에 아예 사람을 피하는 지경에 이르렀다. 잠도 잘 오지 않아서 뜬눈으로 밤을 보내는 날이 많아졌다.

그러던 어느 날이었다. 잠을 설치고 회사에 출근한 K씨는 커피를 뽑아 들고 회의실로 향했다. 그리고 사람들 앞에서 준비한 자료를 발표하는데 갑자기 가슴이 두근거리기 시작했다. 공황발작이 일어날 것 같아 불안했던

K씨는 급히 화장실에 다녀오겠다며 자리를 피했다. 복도에서 숨을 고르며 K씨는 계속 회사를 다닐 수 있을지 진지하게 고민했다.

K씨의 경우처럼 공황발작이 발생하는 데는 스트레스성 사건이 트리거가 되는 경우가 있습니다. 스트레스가 쌓이고 쌓이다 보면 결국 몸과 마음이 스트레스를 이겨내지 못하고 무너져버리게 되지요.

그래서 학자들은 어떤 사건 상황이 스트레스를 일으키는지에 대해 다양한 연구를 진행했습니다. 다음 장에 있는 표는 정신과에서 널리 쓰는 것으로 알려진 '홈즈-라헤 스트레스 척도Holmes and Rahe Stress Scale'입니다. 문화적 차이를 감안해서 살펴봐야겠지만, 총점이 얼마나 되는지 계산해보면 대충 자기가 어느 정도의 스트레스에 노출되어 있는지 확인할 수 있습니다.[7]

홈즈-라헤 스트레스 척도

순위	항목	정도
1	배우자의 죽음	100
2	이혼	73
3	배우자와의 별거	65
4	교도소 수감생활	63
5	가족의 죽음	63
6	자신의 부상이나 병	53
7	결혼	50
8	해고	47
9	별거 후 재결합	45
10	퇴직/은퇴	45
11	가족의 건강 악화	44
12	임신	40
13	성적인 장애	39
14	새로운 가족 구성원이 생김	39
15	사업상 재적응	39
16	재정적 상태의 변화	38
17	친구의 죽음	37
18	전직이나 부서 이동	36
19	배우자와의 불화	35
20	거액의 부채	31

불안에는 기본적으로 '특정 자극에 대한 조건화된 반응'이라는 모델이 있습니다. 본인이 원하건 원하지 않건, 특정 자극을 받으면 조건적으로 반응하게 된다는 얘기입니다. 감당하기 어려운 스트레스는 바로 이런 특정 자극의 역할을 담당합니다. 일단 한 차례 스트레스 사건으로 공황발작이 유발되면 이후로는 비슷한 선행 요인이 없어도 두근거림, 호흡 곤란 등을 느끼는 이상 신체 감각이 증폭되고 공황발작으로 이어지게 됩니다. '자라 보고 놀란 가슴, 솥뚜껑 보고 놀란다'는 속담처럼 실제로 불안해할 만한 일이 아닌데도 그럴 것이라고 미리 예견하거나 무의식적으로 불안감을 느껴서 증세를 보이게 되는 거지요. 이를 정확히 이해하기 위해서는 아래의 표를 한 번 살펴볼 필요가 있습니다.

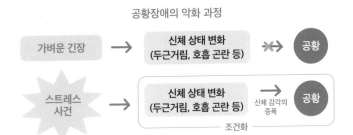

공황장애의 악화 과정

편도체는 스트레스 사건이나 환경의 변화와 같은 1차적 원인으로 과활성되기도 하지만, 그 사이에 이상 신체 감각들이나 조건화되는 요인들이 있으면 그것만으로도 과활성화될 수 있습니다. K씨처럼 공황발작을 일으켰던 사람은 회의 중의 가벼운 긴장도 충분히 트리거가 되어 공황발작으로 이어질 수 있다는 얘기입니다. 공황발작이 일어났는데 도저히 그 이유가 무엇인지 모르겠다면서 찾아온 분들의 이야기를 듣다 보면 이런 2차적 원인이 배경에 있는 경우가 많습니다.

특히 공황장애를 일으키는 분들에게 있어 복잡한 가정사는 주로 2차적 원인으로 작용합니다. 이 모델에는 크게 두 가지 유형이 있습니다. 첫 번째는 어려서부터 친부모의 부정적인 모습에 상처를 받고 그것을 모든 사람에게 적용해 불안을 느끼는 유형입니다. 가령 술을 먹고 폭력을 행사했던 아버지 밑에서 자란 여성이 모든 남성에 대해 비슷한 불안을 느끼는 게 가장 대표적인 예입니다.

두 번째는 부모의 불안 반응을 모방함으로써 불안을 느끼게 되는 유형입니다. 아버지의 주폭에 불안이 심했던 여성의 자녀가 어머니의 불안을 보고 자라면서 마찬가지로 남성에 대한 불안을 느끼는 경우가 그러합니다. 공황장애를 악순환시키는 고리를 일찍부터 끊어야 하는 이유가 바로 여기에 있지요.

물론 다행스럽게도 이를 응용해 불안을 치료하는 방법도 존재합니다. 바로 환자를 불안 유발 자극에 반복적으로 노출시키며 안심시키는 '탈감작脫感作'이라는 것이지요. 자극이 반복되다 보면 어느 순간 자극이 아니게 된다는 원리입니다. 단, 이런 치료법은 반드시 전문가의 판단하에 이루어져야 한다는 사실을 명심하십시오.

살려달라는 위험 신호
심리적 요인

66 40세 남성 L씨는 데뷔 17년 차 유명 배우다. 그는 인기를 유지하기 위해 소속사로부터 꾸준한 관리를 받아왔으며, 정치 사회 이슈에 대한 발언, 연애를 포함한 사생활 통제를 당연하게 여겨왔다. 그러나 정해진 대로 말하고 행동하는 생활이 오래되자 점차 자신이 어떤 사람인지 모르겠고 빈껍데기처럼 느껴지기 시작했다. 과연 이렇게 살아도 되는 것인지에 대한 의문마저 들었다.

하지만 자신의 생각이나 감정을 솔직하게 표현할 수는 없었다. 대중이 등을 돌릴까 봐 두려웠기 때문이다. 몰래 연애하는 걸 들켜서 애인에게 상처를 주는 것도 싫었다.

혼란스러움에 빠진 L씨는 스케줄을 소화하기가 어려워지고 나서야 공황장애 진료를 받기 시작했다. "

공황장애 환자들과 이야기를 나누다 보면 위협적이지 않은 상황에서도 공황발작을 경험하는 경우가 종종 눈에 띕니다. 외부에서 보기엔 안정적인데 본인은 그렇지 않다는 것이지요. 이런 환자들을 어떻게 이해해야 할까요?

과거에는 공황장애에 심리적 유발인자가 없을 거라고 생각했습니다. 그러나 이후 여러 연구를 통해 '공황장애 환자들은 발병 수개월 전, 내지는 1년 사이에 일반인보다 이미 스트레스가 심한 사건을 많이 경험했고, 특히 상실을 경험한 빈도가 높음'을 발견했습니다.[8] 어려서 부모님의 이혼 또는 사별 등을 경험한 사람은 자신이 의지하는 대상이 언제든 사라질 수 있고, 결국엔 혼자 남겨질 것이라는 불안감을 안고 자랄 수 있다는 얘기입니다.

그래서 공황장애 환자들은 '애착'에 특히 민감한 경우가 많습니다. 안전이나 보호의 상실을 굉장히 민감하게 받아들이고 두려운 나머지 이를 피하려고 하지만, 이 과정에서 더욱 큰 불안에 빠져드는 딜레마에 빠집니다. 어느 쪽도 선택하기 어려운 상황에서 정체성이 흔들리게 되고, 그렇게 자신이 서서히 소멸해가는 걸 느끼면서 살려달라는 위험 신호를 온몸으로 보내게 됩니다. 바로 공황발작을 일으키는 겁니다.

사례의 L씨도 비슷했을 겁니다. 대중의 인기와 인정을 얻기 위해 오랜 기간 애써왔지만, 반대로 대중을 너무 의식해 그들로부터 멀어지고 싶은 양가감정 속에서 본인의 자아감은 점차 사라지고 빈껍데기만 남은 기분이 들었을 거예요.

이렇게 불안을 견디기 어려운 사람들은 방어기제를 통해 일시적으로 문제를 해결하려고 합니다. '방어기제'란 마음의 문제에 대응하고 나를 보호하는 데 사용하는 심리적인 대처 방식입니다. 보통은 분노에 대처하는 데 유용한 방어기제인 반동형성Reaction formation, 취소Undoing, 신체화Somatization 및 외향화Externalization를 자주 사용합니다.

반동형성이나 취소는 '미운 놈 떡 하나 더 준다'라는 속담과 같이 부정적인 감정을 느낄 때 그것을 무시하거나 오히려 반대로 행동하게 만드는 방어기제입니다. 누군가에게 분노의 감정을 느끼지만, 도리어 그 사람에게 잘 대해주며 분노를 해소하려는 게 대표적인 반동형성과 취소의 예입니다. 물론 이런 방어기제는 분노에 찬 마음을 일시적으로 편하게 만들어줄 뿐 결과적으론 오히려 부정적 감정을 크게 만들 수 있습니다.

마음의 문제를 몸으로 표현하는 신체화 및 외향화는 주의를 심리적인 쪽보다 눈에 보이는 생리적인 현상으로 돌리는 방어기제입니다. 예를 들면, 스트레스를 받을 때 당장 불안함과 우울함을 느끼고 싶지 않은 마음에 머리가 어지럽거나 배가 아프다는 등 이유가 불명확한 증상을 호소하는 분들이 계시지요. 이런 방어기제 역시 성숙한 대처방식이라고 보기는 어려우며 공황장애를 더욱 악화시킬 수 있습니다.

마음의 창문을 닫게 만드는
성격적 요인

>어려서부터 소심했던 21세 여성 M씨는 어머니로부터 많은 통제를 받으며 자랐다. 학업에 대한 압박도 심해서 스트레스가 많았지만, 이를 표현하지 못하고 부모님의 지시에 순응해왔다. 대학에 진학할 때도 원하던 학과가 있었지만 결국 부모님의 뜻에 따랐다. 이에 대한 대가는 물질적인 보상으로 이어졌다. 대학교 때부터 자취를 시작했고, 용돈도 풍족하게 받았다. 친구들 모두 그런 M씨를 부러워했다.

그러나 M씨는 공허함을 감출 수 없었다. 하고 싶은 것도 없고, 앞으로 펼쳐질 인생에 대한 흥미도 없었다. 급기야

스스로 쓸모없어진 것 같다는 느낌을 받았다. 그러다가
갑자기 숨이 막히고 쓰러질 것 같은 증상이 시작됐다."

최근 MBTI나 애니어그램 등 성격 유형 검사에 대한 대
중의 관심이 날로 커지고 있습니다. 혈액형 검사처럼 개개
인이 재미로 하는 경우도 있지만, 조직 관리 차원에서 검사
를 지원하고 소통하게 하는 기업도 있습니다. 다른 유형의
사람들과 비교해보며 자신을 돌아볼 기회를 가진다는 점
에서는 긍정적인 현상이라고 생각합니다.

물론 실제 병원에서는 이런 성격 검사보다는 '기질 및
성격 검사Temperament and Character Inventory, TCI'를 보편적으로 활용
하고 있습니다. 성인의 경우 140개 문항에 대한 자기보고
식 설문지로 검사가 진행되며, 다른 인성 검사들과 달리 개
인의 기질과 성격을 구분해 측정할 수 있다는 장점이 있습
니다. 이때 네 가지의 기질 특성과 세 가지의 성격 특성에
대해 어느 쪽이 더 높은지를 평가하는데, 종합심리검사를
진행할 때도 대부분 포함되는 검사입니다.

기질 및 성격 검사의 일곱 가지 척도들

기질	성격
자극 추구 (Novelty Seeking)	자율성 (Self-Directedness)
위험 회피 (Harm Avoidance)	연대감 (Cooperativeness)
사회적 민감성 (Reward Dependence)	자기 초월 (Self-Transcendence)
인내력 (Persistence)	

여기서 '기질'이란 자극에 대해 자동적으로 일어나는 정서 반응의 경향성을 이야기하며, 유전적인 경향이 높고 평생 비교적 일정하게 유지되는 속성을 보입니다. 태생적으로 모험심이 강하다거나, 겁이 많다는 등의 이야기가 기질에 속합니다.

반면에 '성격'이란 살면서 체험한 것에 대한 개인의 해석을 바탕으로 형성된 것으로, 개인이 추구하는 가치와 목표, 자신을 어떤 사람으로 이해하는지 같은 자기개념과 관련성이 높습니다. 스스로 얼마나 주관을 가지고 행동하는지,

자신을 사회 구성원으로서 인식할 수 있는 정도가 어느 수준인지 등이 주된 척도이며 경험을 통해 형성되고 바뀔 수 있습니다.

공황장애 환자들은 이 가운데에서 '위험 회피' 기질 특성이 매우 높고, 반대로 '자율성'이 낮다는 연구 결과가 있습니다.[9] 위험 회피 성향이 선천적으로 높다는 것은 공포 회로가 발달해 있다는 뜻입니다. 이런 사람들은 위험을 일으킬 수 있는 어떠한 행동도 사전에 억제하려는 경향이 강하지요.

또한 자율성이 낮다는 건 무엇인가를 주도적으로 하기보다는 남들에게 휩쓸리면서 방어적으로 행동한다는 뜻입니다. 자율성이 발달된 사람이 목적의식을 가지고 스스로를 조절하려고 노력하는 것에 비해 대조적이지요.

특히 M씨처럼 심한 요구나 통제를 받는 가정환경에서 수용받지 못하고 자주 거절당하는 경험을 하면 외부 세계에 대한 두려움이 커져 스스로 결정하거나 행동하는 데 취약해질 수 있습니다. 이런 성향이 곧 공황장애 발병으로 이어지고요. 해당 환자들에게는 자율성이 떨어지고, 자기주장이 부족하며, 정체감이 사라지는 성격적인 변화가 발병의 이유가 될 수 있음을 설명하는 게 우선입니다. 그 뒤 본인의 생각과 감정을 진솔하게 표현하고, 자기주장을 충분히 할 수 있도록 독려하는 과정이 필요합니다.

M씨에게 우선 필요한 것은 극도로 통제된 환경 속에서 숨 막힐 정도로 느끼던 답답함을 솔직하게 표현하는 것이었습니다. 주변에 속마음을 털어놓을 친구나 지인이 있다면 다행이겠지만, 그렇지 않다면 병원이나 상담소를 찾아서 이야기해야 합니다. 이야기를 하는 것은 마음의 창문을 여는 것과 같습니다. 대청소할 때 집 안 창문을 열고 오랫동안 묵었던 공기를 환기시키는 것처럼, 마음을 정리하고 싶다면 쌓아두었던 이야기를 내보내는 것부터 시작해야 합니다. 나아가 과도한 통제나 부당한 요구를 거절하고 자신의 생각을 분명하게 전달할 수 있다면 이미 그 청소는 성공한 것이나 마찬가지일 겁니다.

뇌신경망을 교란하는
신경화학적 요인

공황장애의 신경화학적 요인을 밝히기 위한 연구도 꾸준히 진행되고 있습니다. 그중 세로토닌, 노르에피네프린, 가바 같은 신경전달물질이나 공황을 관장하는 뇌신경망, 특히 공포 회로의 변화에 대한 연구가 가장 활발하고 체계적으로 정립되어 있습니다.

우리 뇌는 어떻게 공황을 느낄까요? 이를 이해하기 위해서는 뇌 안의 공포 회로를 구체적으로 설명할 필요가 있지만, 너무 어렵게 느껴질 수 있으니 간단히 비유를 들어보도록 하겠습니다.

쉽게 이해하는 공포 회로

  우리 뇌는 공포를 느낄만한 자극을 보거나 듣게 되면 감
각을 담당하는 뇌 부위^{감각피질, Sensory cortex}가 가장 먼저 배턴
을 집어 들고 열심히 달려 편도체^{Amygdala}에게 전달합니다.
편도체는 '아몬드'라는 어원을 가지고 있을 정도로 작은 덩
어리이지만, 공황을 느끼는 데 있어서는 가장 핵심적인 역

할을 담당하는 매우 중요한 뇌 부위입니다.

편도체는 정서 경험, 특히 공포를 학습하고 전달하는 중요한 역할을 수행합니다. 편도체가 배턴을 받아서 다른 곳으로 전달해주지 않으면 막상 위험이 닥쳤을 때 우리 몸은 스스로를 보호할 수 없게 되지요. 실제로 편도체를 다친 사람은 일반인이 공포를 느끼고 달아나는 상황에서도 위기감을 느끼지 못한다고 합니다. 그만큼 생존에 꼭 필요한 뇌 부위라고 할 수 있지요. 문제는 적당히 배턴을 이어줘야 하는 편도체가 간혹 배턴을 지나치게 많이 전해줘서 필요 없는 공포를 느끼게 한다는 것입니다.

편도체가 배턴을 전달하는 대상은 청색반점Locus coeruleus, 시상하부Hypothalamus, 수관주위회색질Periaqueductal gray 이렇게 세 군데가 있는데 각각 흥분, 투쟁, 회피를 담당하는 구역이라고 생각하시면 이해하기 편합니다.

청색반점에서는 주의력 조절과 각성, 기분 조절 등에 관여하는 노르에피네프린이라는 물질이 분비됩니다. 청색반점이 편도체로부터 배턴을 받아 열심히 물질을 생성하면 우리 몸에서는 심장이 빨리 뛰거나 혈압이 높아지는 등 전

반적으로 신체가 각성되는 생리현상이 일어납니다. 그 각
성이 지나치게 활성화되면 공황발작으로 이어지게 되지요.

시상하부는 우리 몸의 자율신경계Autonomic nervous system를
조절하는 매우 중요한 역할을 합니다. 자율신경계는 우리
가 의식해서 움직이는 신경계와 달리, 심장 박동처럼 자동
으로 조율되는 시스템입니다. 교감신경과 부교감신경이라
는 두 가지 신경계로 나뉘어 있으며, 서로 상반된 작용을
하면서 우리 몸을 상황이나 환경에 맞게끔 조절해줍니다.

교감신경과 부교감신경의 역할

	교감신경	부교감신경
동공	동공 확대	동공 축소
심장	심장 박동 증가	심장 박동 감소
기관지	호흡 횟수 증가	호흡 횟수 감소
위장관	위장관 운동 억제 (소화 억제)	위장관 운동 증가 (소화 촉진)
말초 혈관	혈관 수축 (혈압 상승)	혈관 이완 (혈압 저하)
땀	땀 분비 촉진	땀 분비되지 않음

여러분이 차도 없고 총도 없는 원시시대에 떨어져 맹수를 맞닥뜨렸다고 생각해보세요. 우리 몸은 본능적으로 싸우거나(투쟁), 도망치기(도피) 위해 잔뜩 긴장을 하게 될 겁니다. 심장이 두근거리면서, 손에 힘이 들어가고, 눈도 예민하게 반응할 겁니다. 이렇게 위기 상황에 처했을 때 우리 몸을 반사적으로 생존에 유리한 형태로 만들어주는 게 바로 교감신경입니다.

교감신경이 활성화되면 우리 몸은 많은 에너지를 필요로 합니다. 그래서 호흡수를 늘려 산소를 더 많이 들이마시고, 심장에서도 뇌와 근육으로 혈액을 더 공급하기 위해 맥박수를 높이게 됩니다. 반대로 소화기나 손끝, 발끝과 같은 말초기관에는 혈액 공급이 상대적으로 줄어들게 되는데 소화액 분비가 줄어들어 매스꺼움, 입 마름, 손 저림 등의 증상이 유발되기도 하지요.

이때부터 부교감신경의 활약이 시작됩니다. 교감신경이 지나치게 높아지면 공황발작에서 일어나는 증상과 유사한 반응들이 생기는데, 공황발작이 길어야 10분에서 20분 이내로 호전되는 이유는 부교감신경이 활성화되어 몸의 균

형을 맞춰주기 때문입니다. 부교감신경은 신체를 이완시키고 휴식, 수면을 취할 수 있도록 유도해 전투를 치르는 동안 지친 몸을 회복시켜주는 역할을 합니다. 이렇게 자율신경계를 조절하는 시상하부는 편도체로부터 배턴을 너무 많이 이어받지 않으면서 기능을 적당히 유지하는 게 중요합니다.

마지막으로 수관주위회색질은 우리 몸이 본능적으로 위험을 피하거나 멈출 수 있도록 방어적 행동을 유도합니다. 지하철에서 공황발작을 경험한 환자들이 다시 지하철을 타기 꺼려 하는 회피행동은 수관주위회색질의 활성화되었기 때문이라고 설명할 수 있습니다.

이상 설명한 바와 같이 뇌신경망, 또 그 안에서 작용하는 신경전달물질들은 우리가 위협이나 스트레스를 마주했을 때 생존에 유리하게 움직일 수 있도록 도와줍니다. 다만 과도하게 활성화될 경우에는 불안이나 공포를 악화시켜 오히려 공황장애를 일으키는 원인이 되는데요. 세로토닌이나 가바 같은 신경전달물질은 배턴을 한 번 전달받을 때마다 두세 번씩 반응하던 뇌신경망 상태를 한 번만 적절하게 반

응할 수 있도록 조절하여 안정을 찾게 해줍니다. 이런 신경
전달물질들을 보충할 수 있는 약물 치료는 실제 병원에서
공황장애의 핵심적인 치료법으로 활용되고 있습니다.

＊

 공황장애는 여러 가지 요인이 뒤섞여 발생하는 복합적
인 질환입니다. 그런데 한 번 곰곰이 생각해보십시오. 문제
가 여러 개라면 당연히 답도 여러 개가 될 수 있지 않을까
요? 공황장애는 하나의 병인론으로 접근하기보다는 다각
적으로 접근하면서 공황장애가 왜 발생했는지 입체적으로
확인해야 제대로 대처할 수 있습니다. 그러므로 자신이 공
황장애라고 판단되는 사람은 원인을 속단하지 말고 반드
시 병원을 찾아 전문의에게 구체적인 진단을 받아보시기
바랍니다.

4
공황장애를 진단받았습니다

추측에서
진단으로

27세 남성 N씨는 3개월 전부터 출퇴근길이 힘들어졌다. 지하철에 사람들이 가득 차 붐비게 되면 가슴이 답답해졌기 때문이다. 스트레스를 많이 받는 날에는 심장이 심하게 두근거렸는데, 평소 차고 다니는 스마트워치에서 심장 박동이 150회 가까이 높아졌다며 경고 메시지를 보내기도 했다.

N씨는 회사 동료들과 이야기를 나누다가 공황장애가 아니냐는 말을 듣고 인터넷을 검색해보았다. 아니나 다를까, 인터넷에 올라온 정보를 종합해보면 N씨는 공황장애가 분명했다. N씨는 곧바로 가까운 정신과를 검색하

고 예약을 잡았다.

정신과 의사는 N씨를 상대로 설문지 검사, 자율신경계 검사HRV를 시행하고 면담을 나눈 뒤, 공황장애는 아니며 스트레스로 인한 불안 증상이 의심된다고 설명했다. 대신 심장이나 폐에 이상은 없는지 이른 시일 내에 내과 검사를 받아보라고 권유했다. N씨는 공황장애가 아니라 다행이라고 생각하면서도, 왜 의사가 내과 진료를 받으라고 했는지 걱정스러웠다. 그리고 자신의 증상이 이후로도 계속될 수 있다는 생각에 마음이 무거워졌다.

N씨처럼 처음 병원에 내원해서 "공황이 왔어요"라고 말하는 사람이 많습니다. 인터넷에 돌아다니는 정보를 보고 자신이 공황장애에 걸렸다고 확신하는 거지요. 자신이 어떤 처방을 받아야 하는지까지 자신 있게 이야기하는 분들도 있습니다.

그러나 개중에는 공황장애라고 진단하기 어렵거나 추가적인 검사를 받아야 하는 경우가 대다수입니다. 공황장애가 아니라는 점에서는 다행이지만, 정확한 정보를 알지 못하고 속단한다는 점에서는 안타까운 일이 아닐 수 없습니다. 인터넷에 익명으로 올라오는 정보는 분명 한계가 있는데 말이지요. 그래서 이번 장에서는 정신과에서 공황을 어떻게 확인하고 진단하는지 자세히 살펴보려 합니다.

내 몸의 상태를 정확히 알아보는
내외과적 검사

정신과 의원을 다녀온 일주일 뒤, N씨는 퇴근 후 피로한 상태로 침대에 누워 있다가 갑자기 가슴 두근거림 증상을 느끼고 급히 응급실을 찾았다.

심전도 검사와 흉부 엑스레이 검사, 혈액 검사를 받은 N씨는 응급의학과 의사로부터 뜻밖에 발작성심실상성빈맥Paroxysmal supraventricular tachycardia, PSVT이라는 일종의 부정맥 증상을 앓고 있다는 사실을 들었다. 당장의 부정맥은 아데노신Adenosine이라는 약물을 주입해 사라진 상태지만, 심한 증상이 재발되고 있기 때문에 추후 심장 속에 전극을 넣어 심장 내 이상 회로를 직접 차단하는 전극도자절

제술을 받아야 한다고 했다. N씨는 곧바로 시술을 진행했고, 이후 다른 약을 복용하거나 치료받지 않아도 이상을 느끼지 못하는 수준으로 회복됐다.

공황장애 환자들은 주로 호흡 곤란, 가슴 두근거림, 땀 흘림, 구토감, 현기증 같은 신체적 증상을 보입니다. 하지만 공황장애를 포함한 대부분의 정신과 질환은 신체적 증상 만으로는 다른 질환과의 차이를 구분하기 어렵습니다. 부정맥이나 폐 질환, 갑상성 항진증 같은 질환 역시 가슴 두근거림, 호흡 곤란, 땀 흘림 등의 증상을 보이기 때문입니다. 그러므로 기본적인 내외과적 검사를 통해 심장과 폐의 이상 여부, 갑상선 기능 항진 등과 같은 기질적 원인을 감별해야 정확한 진단을 내릴 수 있습니다.

N씨의 경우가 바로 이런 사례입니다. 몇 분에서 몇십 분까지 갑작스럽게 발생하는 심장 이상 박동은 부정맥과 공황발작에서 공통적으로 보이는 현상입니다. 만약 N씨에게 내외과적 검사를 권유하지 않고 공황발작 진단을 내렸다면 어땠을까요? 심할 경우 심장마비로 사망에 이르렀을지

도 모릅니다. 생각만해도 끔찍한 일이지요.

물론 환자들 가운데는 주기적으로 건강검진을 받는 경우도 있습니다. 내외과적으로 이미 완벽한 건강 상태라는 걸 확신할 수 있는 경우도 있고요. 이럴 땐 처음 정신과에 내원한 순간부터 공황장애에 대한 약물 처방이 이뤄지기도 합니다. 다만 45세 이상의 비교적 늦은 나이에 처음으로 공황발작이 발생했거나, 고혈압, 비만 같은 기저 질환이 있는 사람, 몸이 마음대로 잘 움직이지 않는 신경학적 이상을 포함한 비전형적 증상을 보이는 사람은 반드시 기질적인 원인을 감별하기 위해 타과 진료를 권유하니 참고하시면 좋겠습니다.

참고로 술, 담배, 커피가 잦은 직장인들도 공황발작과 비슷한 증상을 경험할 수 있습니다. 카페인과 알코올이 체내에서 빠져나갈 때 간혹 가슴 두근거림, 호흡 곤란, 떨림 같은 증상을 일으키기 때문입니다. 그러므로 공황발작이 의심되는 분이라면 생활 습관 및 기본적인 신체 컨디션 관리를 꾸준히 하는 것도 좋은 방법입니다.

대화를 통해 답을 찾아가는
병력 청취

　우울증이나 다른 정신과 질환들과 마찬가지로 공황장애 역시 객관적인 검사 수치보다 병력 청취를 통한 증상 확인이 진단에서 가장 중요한 비중을 차지합니다. 혈액 검사나 영상학적 검사는 특정 결과를 확인하기보다는 앞서 소개해드린 기질적인 원인을 감별하기 위한 목적으로 시행할 뿐입니다. 진단기준에 따른 증상의 평가, 그리고 시간에 따른 증상의 변화를 진료실에서 확인하기 위한 면담이 어떻게 진행되는지 다음의 예를 살펴보도록 하지요.

환자 지하철을 타고 병원에 오는데 갑자기 심장이 뛰고 숨이 안 쉬어졌어요. 중간에 내려서 20분 정도 앉아 있으니 겨우 진정되더라고요. 그제야 다시 지하철을 타고 여기까지 올 수 있었어요.

의사 고생 많으셨네요. 혹시 지하철 타기 전에 컨디션이 안 좋았나요? 아니면 요새 몸 상태가 안 좋았던가 하시진 않았어요?

환자 아니오. 오전까지 컨디션은 괜찮은 편이었어요. 그런데 평소 지하철 타면 증상이 더 자주 생기다 보니……. 이번에도 역으로 걸어가는 길부터 괜히 또 몸이 안 좋아질까 봐 걱정이 되더라고요. 병원 예약을 미룰까도 고민해봤는데, 역시 오는 게 낫겠더라고요. 겨우 왔어요.

의사 지하철을 타는 걸 피하고 싶을 정도면 생활에 불편한 점이 정말 많으시겠어요. 몸엔 특별한 이상이 없다고 하셨는데, 증상이 발생할 때는 갑자기 생기나 보네요?

환자 네. 보통 5분, 10분 사이에 갑자기 확 증상이 올

라와요. 20분에서 30분 정도 이어지는 거 같아요. 사라질 때는 서서히 사라지는 거 같고요.

의사 그러시군요. 그 외에도 혹시 가슴이 아프거나, 땀이 많이 나거나, 몸이 떨리진 않으셨나요?

환자 식은땀은 계속 났던 거 같아요. 가슴이 아프진 않았던 것 같은데… 몸이 떨렸는지도 잘 모르겠어요.

의사 네. 그러면 구역감이 들거나, 손발이 저리다고 느끼진 않았나요?

환자 아, 그러고 보니 이렇게 불안이 심해질 때는 자주 속이 안 좋았었어요. 숨이 가빠지면서 손발이 저리기도 했고요.

의사 그러시군요. 그렇다면 혹시 증상이 심해질 때 쓰러질 것 같거나, 실제로 의식을 잃고 쓰러진 적은 없었을까요?

환자 아, 오늘도 지하철 안에서 사실 쓰러질 것 같았어요. 그래서 잠깐 내리고 앉아서 쉬었던 거였어요. 그리고 세 달 전쯤 이 증상이 처음 발생했을 때는 버스 안에서 잠깐 쓰러져서 주변 사람들이 일으켜

준 적도 있었어요. 아마 몇 초 정도 그랬던 거 같아요.

의사 정말 위험했네요. 처음 쓰러졌을 때를 포함해서 지금까지 따로 내과에서 이상이 있는지 검사를 받아본 적은 없으세요?

환자 처음 쓰러졌을 때 걱정이 돼서 집 근처에 있는 내과를 찾아 진료를 받았어요. 큰 이상은 없다고 들었고요. 그래도 머리 MRI 검사는 받아보라고 해서 큰 병원에 또 갔는데 이상 없다고 하더라고요.

의사 검사받길 잘하셨어요. 신체적으로 큰 이상이 없어서 다행이네요. 또 하나 중요한 질문인데요. 혹시 가슴 두근거림, 숨이 안 쉬어질 것 같은 느낌 이상으로 증상이 심해질 때 아주 통제를 잃고 미쳐버릴 것 같은 느낌이 들거나, 또는 이러다 죽을 것 같은 느낌이 들진 않으셨나요?

환자 정말 심하게 증상이 올 때는 이대로 내가 죽는 건가 싶기도 해요. 당장 숨이 안 쉬어지니 너무 무섭더라고요. 혹시 이러다 정말 죽을 수도 있는 건가요?

의사　굉장히 공포스러웠겠어요. 아무래도 환자분은 공황장애를 앓고 계신 걸로 보여요. 차차 설명을 드리겠지만, 공황발작이 발생했을 때 이걸로 죽는 사람은 없으니 너무 걱정하시진 않으셔도 돼요.

위와 같이 공황장애를 진단하기 위해서는 증상이 공황발작 기준에 맞는지, 예기불안이나 회피행동은 없는지 반드시 면담을 진행해야 합니다. 사례에서 환자는 세 달 동안 공황발작을 반복해서 일으켰고, 지하철을 타거나 병원에 내원하는 일도 어렵게 만들 정도로 회피행동이 강했습니다. 이런 기능 저하를 유발하는 상태는 초진부터 공황장애를 강하게 의심해볼 수 있지요. 물론 환자가 미리 내과 의원을 찾아 기저 질환을 어느 정도 감별하고 방문한 것도 진단 및 치료에 큰 도움이 되었습니다.

공황발작은 다른 정신과 질환에 비해 신체적인 불안 증상이 심하다는 특징이 있습니다. 그래서 일상생활에 큰 불편함이 동반될 정도로 기능이 저하되어 있지 않거나, 죽을 것 같은 느낌을 받지 못한 분들은 다행히 공황장애라고 진단하지 않습니다. 이런 분들은 병력 청취를 자세히 진행한 뒤에 1장에서 살펴본 범불안장애, 특정공포증 같은 불안장애나 우울증으로 진단을 내리기도 합니다.

병력 청취는 기본적으로 여러 번 반복해서 진행하고 평가합니다. 한 차례 면담만으로는 환자의 상태를 파악하기도 어렵거니와, 치료 경과가 공황장애의 사례에 맞는지도 살펴봐야 하기 때문입니다. 또한 공황장애 환자의 90% 이상은 우울증 같은 다른 정신질환을 동시에 가지고 있습니다. 그래서 때로는 보호자를 통한 병력 청취가 필요할 때도 있지요. 간혹 내원하자마자 공황장애 확진 진단서를 발부해달라고 요청하는 분들이 계시는데, 이처럼 공황장애를 비롯한 정신과 질환은 일정한 관찰 기간이 필요하다는 사실을 염두에 두시면 좋겠습니다.

나도 몰랐던
무의식을 마주하는 **심리 검사**

우울증 같은 다른 정신과 질환과 마찬가지로 심리 검사는 공황장애를 진단하는 데도 도움이 됩니다. 환자가 주관적으로 작성하는 척도 검사, 면담자가 객관적으로 평가해서 작성하는 척도 검사 등이 대표적이며 그 외의 다양한 심리 검사도 종종 활용합니다.

척도 검사는 우울, 불안, 강박 등 정신과적 증상을 평가하기 위한 가장 기본적인 검사입니다. 환자가 설문지 문항을 읽고 최근 일주일 정도의 컨디션을 떠올리며 직접 점수를 체크하는데, 헷갈리면 조금 더 가까운 쪽으로 체크하면 됩니다. 이 같은 자가 보고 검사는 점수가 주관적일 수 있어서, 보고한 대로 해석하기보다는 검사 문항에 올바르게 체크를 했는지 확인하며 그 상태가 어느 정도인지 가늠합니다. 물론 그 이후에 진행되는 반복 검사의 추이도 평가하고요.

공황장애와 연접한 질환이 아닌 공황장애 자체만을 평가하기 위한 척도로는 53쪽의 공황장애 심각도 척도와 공황 및 광장공포증 척도Panic and Agoraphobia Scale, PAS 두 가지를 주로 사용합니다. 그중 공황장애 심각도 척도를 임상에서 더 많이 활용하는데, 공황장애 진단 기준인 공황발작의 빈도와 강도, 예기불안과 회피행동의 유무, 이로 인한 일상생활 및 사회 활동의 어려움을 평가하는 일곱 가지 문항으로 이뤄져 있습니다.

공황장애 심각도 척도는 의사가 직접 환자와 면담하면서 평가한 내용을 작성하는 식으로 진행됩니다. 물론 의사도 환자와 마찬가지로 주관성을 가질 수 있기 때문에, 평소 시험을 보는 것처럼 레퍼런스가 되는 케이스들에 올바른 점수를 주었는지 자체 평가하는 등 신뢰도를 높이기 위한 노력을 하고 있습니다. 예를 들어 공황장애 심각도 척도가 7점인 환자에게 실제로 의사가 7점을 주었는지를 확인하는 것이지요.

척도 검사 외에도 정신과에는 MRI 검사와 마찬가지로 구체적인 수치들을 통해 객관적인 검사 결과를 보여주는 심리 검사가 있습니다. 그중 지능 검사, 주의 집중력 검사, 기질이나 성격에 대한 검사 및 무의식을 포함한 심리 상태를 엿볼 수 있는 검사들과 같이 중요한 검사들을 묶어 '종합 심리 검사'라고 칭하며, 이 검사들은 대학병원을 포함한 대부분 병의원에서 비슷하게 규격화돼 있습니다. MRI 검사 결과처럼 출력물을 들고 다닐 수 있으니 다른 병원에서 다시 진료를 받게 되더라도 단기간 내에는 다시 검사를 받을 필요가 없다는 얘기지요.

이 가운데 공황장애 진단에 도움이 되는 대표적인 검사로는 다면적 인성 검사Minnesota multiphasic personality inventory, MMPI를 들 수 있습니다. 현재는 567문항으로 새로 개정된 MMPI-2가 통용되는데요. 일반 자가 보고식 검사와 마찬가지로 환자가 직접 체크하지만 우울, 불안과 같은 임상 증상 외에도 수검자가 증상을 과장하지는 않았는지, 반대로 좋게 보이려고 하지는 않았는지도 판단할 수 있어 타당도가 더 높다는 장점이 있습니다. 물론 검사자가 의도성을 가지고 임하면 타당도에 대한 신뢰가 떨어져 검사의 효력이 없어지거나 오히려 반대로 해석될 수도 있겠지요.

이 밖에 문장 완성 검사Sentence completion test, SCT, 로르샤흐 검사Rorschach test, 주제 통각 검사Thematic apperception test, TAT, 집-나무-사람 검사House-tree-person, HTP 등 내담자가 예상하지 못한 추상적인 질문을 통해 심리 상태를 엿보는 투사 검사도 있습니다. 예를 들어 집-나무-사람 검사에서 나무를 그릴 때 나뭇가지를 그리지 않으면, 수검자가 환경과의 상호 작용에서 매우 억제되고 위축돼 있다고 유추합니다.

투사projection란 개인의 내면이 검사 도구들을 통해 밖으로 드러난다는 의미인데, 실제로 투사 검사로 내면의 갈등이나 방어기제, 나아가 무의식적 동기를 확인할 수 있습니다. 마음속에 있는 응어리가 빔프로젝터를 통해 검사지에 투영된다고 생각하시면 이해가 빠르실 거예요.

로르샤흐 검사에 사용되는 그림 예시

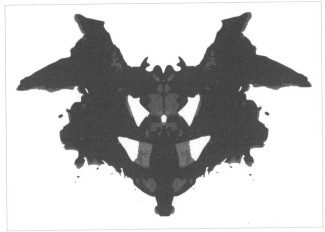

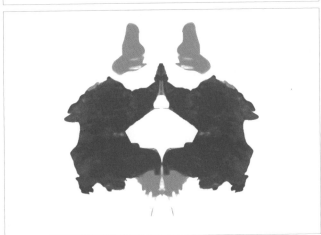

저희도 현장에서 공황장애 환자들의 불안해진 심리 상태를 확인하기 위해 투사 검사를 활용하고 있습니다. 심리적 자원이 빈약하진 않은지, 스스로나 주변 환경을 왜곡해서 인식하고 있지는 않는지 파악하다 보면 공황장애가 발생한 심리적·성격적 요인을 추적할 수 있습니다.

검사 결과를 보면 실제로 많은 수의 공황장애 환자가 심리적으로 위축된 상태에 있음을 확인할 수 있는데요. 환자들은 자아 정체감과 안정감을 형성하지 못해 작은 문제에도 불안을 느끼고, 이런 심리 상태가 신체적 증상으로 발현되어 공황발작을 일으키곤 합니다. 그러나 100명의 환자가 투사 검사를 시행하면 100가지의 다른 검사 결과가 나오는 만큼, 공황장애를 진단하고 그 심리적인 이유를 확인하는 데 있어서는 최대한 신중할 필요가 있습니다.

✳

이상 살펴본 바와 같이 공황장애를 진단하는 데는 기질적 원인을 감별하기 위한 내외과적 검사, 내담자의 성격과 불안한 심리 상태를 파악하기 위한 병력 청취, 심리 검사가 동시에 진행됩니다. 인터넷을 통해 떠도는 정보가 얼마나 불확실하고 단편적인지 이해할 수 있겠지요? 공황장애가 많이 알려진 질환이지만, 실제로 공황장애 진단을 받는 경우는 많지 않으니 이 점을 꼭 염두에 두시고 전문가를 찾아 상담하시기 바랍니다.

5

더 이상
공황에
휘둘리지
않겠습니다

공황장애를 이겨내는
세 가지 방법

　공황장애로 병원을 찾는 분들을 보면서 안타까운 마음을 감추기 어려운 경우가 많습니다. 특히 잘못된 정보를 듣고 그것을 따르다가 치료 시기를 놓치고 증상이 더욱 악화된 경우를 볼 때 그러합니다. 과호흡, 심장 두근거림 등이 반복되는 걸 공황장애인 줄 모르고 심장이나 폐 기능이 약해져서 그렇다고 생각해 좋은 음식만 찾아드시다가 증상이 더욱 악화되어 병원을 찾는 분. 공황장애가 면역력이 떨어지거나 몸이 허해져서 생기는 병이라고 착각해 건강기능식품 구입에 깜짝 놀랄 정도로 큰 비용을 지출하는 분. 공황장애는 스트레스를 받으면 생기는 질환이라고 들었다며 스트레스를 피하기 위해 퇴사, 휴학 등 돌이킬 수 없는 선택을 하고 찾아오는 분도 있습니다.

그러나 공황장애는 심장이나 폐 기능의 저하로 생기는 병이 아닙니다. 면역력과도 직접적인 연관이 없습니다. 공황장애는 신경화학적, 환경적, 유전적 요인 등이 복합적으로 엮여서 발생하는 질환입니다. 또한 지금 당장 스트레스를 피하는 것은 임시방편일 뿐, 근본적인 해결책이 될 수 없습니다. 세상에 스트레스 없는 삶을 살아가는 사람은 아무도 없으니까요.

이 책의 마지막 장에서는 소중한 시간과 비용을 낭비하지 않고 안전하게 공황장애를 극복할 수 있는 방법에 대해 다루어보려고 합니다. 첫 번째는 가장 중요한 전문가의 도움을 받는 방법입니다. 정신과 의원에서 이루어지는 약물치료, 인지행동 치료가 도대체 어떤 치료이고 어떻게 이루어지는지 설명드리겠습니다.

두 번째는 스스로 변화를 시도해보면서 공황장애를 극복하는 방법에 대한 소개입니다. 공황장애 치료에 도움이 되는 복식호흡과 점진적 근육 이완법, 생활 습관 개선법 등을 다룰 예정입니다. 전문적인 치료와 스스로 변화를 시도하려는 노력이 병행되면 증상을 뒤늦게 발견해도 효과적으로 관리할 수 있고, 몸과 마음도 훨씬 더 건강해질 수 있습니다.

세 번째는 공황장애 환자의 주변 분들이 알아두면 도움이 될 만한 내용을 소개하려 합니다. 지피지기면 백전백승! 공황장애 환자의 심리를 심층적으로 이해하고 어떻게 대처하면 좋은지 알아두면 함께 이겨낼 수 있습니다.

전문가의 도움으로
빠르고 정확하게 대처합니다

직장에 다니는 30대 남성 O씨는 3개월 전부터 아무 이유 없이 심장이 빨리 뛰고 숨쉬기가 어려워지는 증상을 겪었다. 동시에 무섭고 공포스럽다는 기분도 느꼈다. 증상 발병 시간은 길지 않았지만, 단시간 내 자주 반복됐다.

O씨의 이야기를 듣고 정신과 의사는 '공황발작이 반복되는 공황장애가 의심된다'며 약물 치료를 권했다. 약물을 복용하면서 O씨는 심장 두근거림과 과호흡 같은 신체적 증상이 빠르게 완화됐고, 공황발작 횟수와 강도 역시 약해졌다. 다만 여전히 '언젠가 다시 증상이 악화되는 것은 아닐까' 하는 불안감에 시달렸고, 이 때문에 업무에

도 집중하기 어려웠다.

어느 정도 증상이 호전된 상태로 병원에 방문했을 때였다. 심리적 증상은 신체적 증상에 비해 약물 치료 효과가 덜할 수 있다며 의사가 인지행동 치료도 함께할 것을 권했다. 그 뒤 O씨는 약물 치료와 인지행동 치료를 동시에 꾸준히 받으면서 불안감과 집중력 저하 같은 심리적 증상도 함께 좋아지는 느낌을 받았다. 그렇게 의사와 상의하면서 약물도 서서히 감량했고, 마침내 5개월 만에 치료를 끝낼 수 있었다.

공황장애를 치료하는 가장 대표적인 방법은 약물 치료와 인지행동 치료입니다. 다른 정신질환 없이 공황장애만 있는 경우에는 약물 치료에 비교적 잘 반응해 증상이 빠르게 호전되는 편입니다. 만약 공황장애 증상이 반복적으로 나타날 경우, 상황을 불안하고 위협적으로 느끼는 현상 즉, 인지 왜곡이 일어나기 때문에 인지행동 치료를 받는 것도 도움이 됩니다.

공황장애를 처음 겪는 사람은 다양한 신체적 증상과 불안, 공포 등으로 일상생활에 큰 영향을 받습니다. 그러므로 공황장애 초기에 증상을 빠르게 경감시켜 일상생활 회복으로 나아가는 징검다리를 두는 게 중요합니다. 다행히 다른 정신질환에 비하면 공황장애 증상은 약물 치료에 빠르게 반응하는 편입니다. 그래서 공황장애가 처음인 환자들에게 의사들은 우선적으로 약물 치료를 권하게 됩니다.

① 나는 공황장애인데 왜 우울증 약을 처방받았을까?

공황장애 진단을 받고 처방받은 약물을 인터넷에 검색해보았더니 우울증 약이어서 혼란스럽다는 환자분이 많습니다. '혹시 나는 심각한 우울증 앓고 있는데, 일부러 의사가 걱정할까 봐 말하지 않은 것은 아닐까?', '의사가 착각해서 나한테 잘못된 약을 처방한 것은 아닐까?' 불안한 마음에 병원을 찾아와 되묻는 일도 있습니다.

앞서 3장에서 우리는 공황장애의 신경학적 요인에 대해

살펴보았습니다. 공황장애는 세로토닌, 노르에피네프린과 같은 신경전달물질이 교란되어 발생하는 경우가 많습니다. 그러므로 이를 조절해주는 세로토닌 재흡수 억제제SSRI나 벤라팍신venlafaxine 같은 세로토닌 노르에피네프린 재흡수 억제제SNRI 같은 약이 공황장애 치료에서도 필수적인 약물로 사용되고 있지요. 그런데 이런 약물은 처음에 우울증 치료 목적으로 개발되었기 때문에 인터넷을 검색해보면 우울증 약이라고 나오는 경우가 많습니다. 실제로는 우울증과 공황장애에 모두 효과를 보이는 데 말이지요. 결론적으로 전혀 걱정하실 필요가 없습니다.

참고로 항우울증 약물은 본격적으로 공황 장애 치료 효과를 드러내는데 3~4주가 걸리는 게 보통이어서, 빠르게 효과를 얻기 위해 벤조디아제핀이나 프로프라놀롤과 같은 약물을 일종의 보조 약물 개념으로 함께 처방합니다. 공황장애 증상을 갑자기 발생한 불이라고 비유한다면, 벤조디아제핀, 프로프라놀롤 등의 보조 약물은 불을 급히 끄거나 더 번지지 않게 하는 소화기라고 할 수 있습니다. 항우울증 약물은 출동하는 데 시간이 걸리지만, 막상 현장에 도착하면 불을 진화하고 예방까지 하는 소방관이라고 생각하면 좋고요. 소방관이 오면 소화기로 불을 끄던 사람은 본인의 역할을 마치고 대피하듯, 항우울증약이 효과를 발휘하기 시작하면 벤조디아제핀 같은 약물도 서서히 감량을 시도하게 됩니다.

② 약물 치료는 근본적인 치료가 될 수 없다?

최근 스트레스, 수면 부족 등의 원인으로 공황장애를 호소하는 경우가 많습니다. 특히 과호흡, 심장 두근거림, 현기증, 심한 공포 및 불안감 등을 유발하는 공황발작은 심리적 스트레스에 큰 영향을 받습니다. 그래서 원인은 그대로인데 약물로 증상만 개선하는 게 무슨 소용이냐고 묻는 분도 있습니다.

그러나 방금 얘기했듯이 세로토닌, 노르에피네프린, 가바 같은 신경전달물질의 불균형은 공황장애와 직접적인 관련을 맺고 있습니다. 이런 직접적인 원인을 약물로 제거할 수 있다면 충분히 근본적인 치료에 가깝다고 말할 수 있지 않을까요?

그리고 약물치료는 공황장애의 악순환을 막아주는 1차

적 방패 역할을 수행합니다. 공황장애 증상을 방치하면 일상생활에 점점 부정적인 영향을 미치게 되고, 그러다 보면 언제 또 증상이 발생할지 모른다는 두려움에 생활이 위축되게 됩니다. 사람이 많은 곳을 피하는 행위, 비좁은 장소를 두려워하는 행위, 외출을 꺼리고 특정인에게 집착하는 행위 등이 대표적이지요. 반대로 약물 치료를 하게 되면 신체적 증상과 심리적 증상을 빠르게 경감시켜 일상적인 생활을 원만하게 유지할 수 있습니다. 공황장애 치료의 선순환이 발생하는 겁니다.

그래도 약물 복용보다는 스트레스 상황 해소가 더 중요하지 않느냐고 물어보시는 경우도 있습니다. 물론 맞는 얘기입니다. 하지만 이렇게 생각해보시면 좋겠습니다. 세상을 살면서 감기 한 번 안 걸리는 사람이 얼마나 될까요? 스트레스도 감기와 같습니다. 살면서 스트레스를 안 받기란 굉장히 어렵고, 또 스트레스를 받는다고 모든 사람이 공황장애에 걸리는 것도 아닙니다. 스트레스와 상관없이 공황장애에 걸리는 분도 굉장히 많고요. 다른 사람에 비해서 감기에 잘 걸리는 체질이 있고, 쉽게 체하거나 배탈이 나는 사람이 있는 것처럼 공황장애에 걸리기 쉬운 체질도 분명히 있습니다. 몸이 약한 사람일수록 감기에 걸렸을 때 병원에 가면 큰 도움을 받을 수 있는 것처럼, 공황장애에 걸린 분들도 꼭 병원을 찾아 도움을 받기 바랍니다. 그렇게 스트레스를 이겨낼 수 있는 면역력을 키우다 보면 분명 강해질 수 있습니다.

③ 공황장애는 자주 재발하니깐 치료가 필요가 없다?

공황장애가 발병하면 보통 6개월에서 1년 정도 약물 치료를 유지합니다. 증상 대부분이 사라지면 약물 처방을 조금씩 줄이다가 증상이 다시 발생하지 않는다는 것을 확인하고 약물 치료를 종결합니다. 이렇게 치료를 마친 뒤 완전한 건강을 되찾게 되면 얼마나 좋을까요?

하지만 장기간 진행되어온 연구들을 보면 치료 종결 후에도 공황장애는 높은 확률로 재발합니다. 대략 10~20%는 재치료가 필요할 정도로 심각한 증상을 보이고, 50%는 일상생활에 큰 지장이 없을 정도로 약한 증상을 보입니다. 재발 없이 안정적으로 생활하는 비율은 30~40% 불과합니다.

치료 과정에서 환자들에게 공황장애 질환의 경과나 재발에 대해 설명하면 많이들 걱정합니다. 그럴 때 저는 이렇게 얘기합니다.

"우리가 올겨울 심한 감기에 걸려서 고생했다고 내년에 또 감기에 걸리면 어쩌나 걱정을 하면서 살지는 않잖아요. 감기 걸렸다는 사실을 잊고 지내다가 다시 걸리면 병원에 가서 치료를 받는 것처럼, 일상생활을 잘 하다가 혹시라도 증상이 발생하면 병원을 찾아 치료를 받으시면 됩니다."

실제로 재발한 경우, 병원으로 찾아와 이전 치료 과정에서 효과가 있었던 약물을 확인하고 처방받으면 빠르게 호전될 수 있습니다. 게다가 한 번 치료를 종결했던 좋은 경험이 있으니 두 번째는 더 잘해낼 수 있지 않을까요.

◖● ─────────── 지피지기 백전백승, 인지행동 치료

❝ 대학교에 다니는 20대 여성 P씨는 3개월 전 갑작스럽게 공황발작을 경험했다. 그 뒤로 계단을 오르거나 카페인

음료를 마시는 등 약간이라도 호흡이 가빠지고 흥분되는 상황이 생기면 크게 불안감을 느끼기 시작했다. P씨는 시도 때도 없이 뛰는 가슴 두근거림에 곧 자신이 건강을 잃고, 취업도 하기 어렵고, 인생도 망할 거라는 생각이 들었다. 급기야 이상해져 버린 자신을 가족과 친구들이 전처럼 친근하게 대해주지 않을지도 모른다는 두려움에 시달렸다.

P씨는 간절한 마음으로 정신과 의원에 방문했다. 의사는 P씨에게 인지행동 치료를 권유했다. P씨는 인지행동 치료를 받으면서 건강, 취업, 관계에 대한 자신의 생각이 얼마나 극단적이었는지를 깨달았다.

무엇보다도 P씨는 이런 증상이 세로토닌, 노르에피네프린, 가바 같은 신경전달물질의 교란과 스트레스로 발생한다는 사실을 의사에게 듣고 한결 마음이 편해졌다. 가슴 두근거림이 느껴져도 실제로 건강이 나쁜 건 아니라 생각할 수 있었고, 무섭거나 불행한 일로 이어지지 않을 거라고 확신하게 되었다. 공황발작이 찾아왔을 때도 크게 걱정하거나 놀라는 대신 하던 행동을 지속하면서 증상이 지나가기를 차분하게 기다렸다. 이렇게 신체적 증상보다 부정적인 감정이 자신을 더 힘들게 만들고 있음을 객관적으로 인지하자 왜곡된 생각에서 빠져나오는 길이 보였다.

3개월간의 인지행동 치료를 마친 지금 P씨는 공황발작이 완전히 사라지지는 않았지만, 일생생활을 하는 데 큰 불안함이 없을 정도로 건강이 많이 좋아졌다. ''

'자라 보고 놀란 가슴, 솥뚜껑 보고 놀란다'는 속담처럼 공황장애 환자들은 평소 아무렇지 않게 넘겼던 작은 신체적 문제를 과도하게 걱정하는 경우가 많습니다. 그만큼 불안함이 마음에 가득 차 있기 때문입니다. P씨도 마찬가지였습니다. 병원을 가보지도 않은 상태에서 건강을 잃었다 생각하고, 취업과 인생이 모두 망했다고 판단해버렸지요. 실제로 공황장애 환자들은 P씨처럼 잘못된 믿음을 가지는 사례가 많습니다.

이렇게 충분한 근거 없이 안 좋은 일이 생길 거라 걱정하고 두려워하는 생각을 '재앙화 사고'라고 합니다. 재앙화 사고는 불안한 마음을 더욱 악화시키고, 약해진 마음은 신체적 건강을 해치게 만들며, 불편해진 몸은 일상생활을 힘들게 만듭니다. 악순환이 반복되는 것이지요. 심지어 자신이 저지른 죄가 많아 공황장애라는 벌을 받는다며 죄책감을 느끼고, 스트레스로부터 벗어나기 위해 잘 다니던 직장이나 학교를 그만두려는 분들도 있습니다.

이럴 때 반드시 필요한 처방이 인지행동 치료입니다. 실체가 없는 적과 싸우는 것만큼 두렵고 힘든 일은 없습니다. 인지행동 치료는 공황장애의 증상과 특징, 원인 등 질환에 대한 정확한 정보를 제공함으로써 내가 두려워하는 존재가 무엇인지 바라보게 만듭니다. 질환에 대해서 잘 알수록 두려움과 공포는 줄어들게 되지요. 환자가 가지고 있는 잘못된 믿음을 함께 찾아서 교정하고, 회피하는 대신 올바르게 대처할 수 있도록 돕는 것. 환자의 재앙화 사고와 왜곡된 생각들을 교정해서 지금 주위의 상황을 있는 그대로 파악하고 과도한 두려움을 막아주는 것. 바로 인지행동 치료입니다.

치료 과정은 보통 10~12주 정도의 시간이 소요됩니다.

병원에서 의사를 만나 치료할 때뿐만 아니라 혼자서 연습하고 현실에 적용하려는 노력도 필요합니다. 또한 인지행동 치료는 단독으로도 시행할 수도 있지만, 약물 치료와 함께 병행할 경우 가장 효과가 좋은 것으로 알려져 있습니다. 참고로 인지행동 치료는 건강보험 혜택을 받을 수 있으며, 정신과 의원 중에는 인지행동 치료만을 전문적으로 시행하는 병원도 있으니 잘 살펴보시기 바랍니다.

포기하지 않고 스스로
극복해냅니다

66대 직장인 남성 Q씨는 공황장애 때문에 한 달 전부터
정신과 의원에서 치료를 받고 있다. 처음에 비해 전반적
으로 불안감이 감소하고 증상도 많이 좋아졌지만, 여전
히 일상생활에서 긴장을 많이 하고 불안한 느낌이 드는
건 어쩔 수 없었다. 답답한 마음에 Q씨는 의사에게 집에
서 혼자 해볼 수 있는 방법이 무엇인지 물었다. 의사는
복식호흡법과 점진적 근육 이완 훈련을 권유했다.

처음에는 효과를 느끼기 힘들었다. 하지만 꾸준히 실시
했더니 몸과 마음의 긴장이 풀리고 훨씬 편안해지는 것
을 느낄 수 있었다. 특히 스트레스가 풀리는 느낌이 들어

좋았는데, 어느 순간부터 시간과 장소를 가리지 않고 수시로 복식호흡하는 자신을 발견할 수 있었다.

공황장애는 일상생활에 지대한 영향을 끼칩니다. 갑작스럽게 찾아오는 공황발작으로 인한 고통도 크지만, 진짜 힘든 건 공황발작이 언제 올지 몰라 두려워하게 된다는 것입니다. 일단 한 차례 두려움이 생기면 외출을 꺼리게 되고 사람을 만나는 일도 피하게 되지요.

공포 회로가 과활성화되면 모든 것을 극단적인 상황과 연관 짓는 잘못된 믿음이 생기기도 합니다. 이때 한 가지를 반드시 명심해야 합니다. 공황장애는 절대 목숨을 위협하는 질환이 아닙니다. 공황장애에서 최악의 상황은 공황발작이 찾아오는 것이고, 별다른 조치를 취하지 않아도 공황발작은 시간이 지나면 저절로 잦아듭니다. 죽을 것 같은 느낌, 위험한 일이 생길 것 같은 느낌이 든다고 해서 우왕좌왕하고 서두르면 오히려 증상이 악화될 수 있습니다. 아무리 불안해도 신변에는 문제가 없을 거라는 믿음을 가져야 합니다. 그러면서 공황장애가 어떤 질환인지 다시 한번 상기해보면 쉽게 상황을 견딜 수 있습니다.

다음에서 설명하는 방법들을 평상시에 연습하면 공황장애를 극복하는 데 큰 도움이 될 것입니다.

◐ ────────── 천천히 그리고 깊게, 복식호흡법

의지와는 상관없이 자율적으로 움직이는 신경계를 자율신경계라고 합니다. 글씨를 쓰거나, 팔을 들거나, 빠르게 뛰거나, 천천히 걷거나 하는 행동은 우리의 의지대로 움직일 수 있지만, 심장 박동이나 호흡 횟수, 소화 능력 등은 우리의 의지와 상관없이 자율적으로 조정되고 있습니다.

자율신경계는 교감신경과 부교감신경으로 구성되어 있습니다. 운동을 하거나, 공포감을 느끼거나, 긴장을 하면 에너지가 많이 필요해서 심장 박동이 빨라지고, 숨이 차고, 땀이 나고, 소화가 더뎌지는데 이는 교감신경이 증가했기 때문입니다. 반대로 부교감신경이 증가하면 심장 박동이 느려지고 몸이 나른하게 이완됩니다. 문제는 교감신경이

비정상적으로 활성화되는 상황입니다. 교감신경이 너무 증가하면 에너지가 필요하지 않은 상황에서도 심장 두근거림, 과호흡 등의 증상이 발생합니다. 공황발작이 발생하는 거지요.

교감신경과 부교감신경의 역할

	교감신경	부교감신경
동공	동공 확대	동공 축소
심장	심장 박동 증가	심장 박동 감소
기관지	호흡 횟수 증가	호흡 횟수 감소
위장관	위장관 운동 억제 (소화 억제)	위장관 운동 증가 (소화 촉진)
말초 혈관	혈관 수축 (혈압 상승)	혈관 이완 (혈압 저하)
땀	땀 분비 촉진	땀 분비되지 않음

공황발작으로 과호흡, 가슴 두근거림, 어지러움, 구역감 등의 신체적 증상이 나타날 때 복식호흡을 천천히 하면서 호흡 횟수를 줄이면 신체적 증상을 완화시키는 데 도움이

됩니다. 신체적 증상이 안정되면 불안, 공포 등의 심리적 증상도 호전될 수 있지요. 심장이 빨리 뛰거나 어지러워지는 등의 증상은 본인의 의지로 조정하기 어렵지만, 호흡은 스스로 조정할 수 있습니다. 복식호흡을 하는 순서는 다음과 같습니다.

1. 스스로 편안하다고 느끼는 자세를 취합니다.
2. 배 위에 한 손을 올려둡니다.
3. 코로 숨을 천천히 깊게 들이마시면서 배를 내밉니다. 배가 배 위의 손을 밀어내는 것이 느껴집니다.
4. 편안한 이미지를 떠올리면서 호흡 횟수가 빨라지지 않게 하나, 둘, 셋 천천히 숫자를 셉니다.
5. 숨을 천천히 내쉬면서 배 위에 올린 손이 내려가는 것을 느낍니다.
6. 숨을 내쉴 때도 호흡 횟수가 빨라지지 않게 하나, 둘, 셋 천천히 숫자를 세면서 호흡합니다.

아마 처음에는 호흡하는 게 쉽지 않을 겁니다. 그래도 평소 시간을 정해두고 연습하면 몸과 마음이 이완되는 데 큰 도움을 얻을 수 있을 거예요. 아침에 일어났을 때와 자기 전 하루에 두 번 정도 5분씩 연습하기를 추천합니다.

몸에 힘을 빼고, 점진적 근육 이완법

공황장애 환자들은 전반적으로 불안감이 상승되어 있는 상태입니다. 그리고 이런 불안감은 신체의 긴장도와 밀접한 관련이 있습니다. 신체가 긴장할수록 불안감이 올라가고, 이완될수록 불안감이 감소하지요. 하지만 갑자기 '손에 힘을 빼세요'라는 말을 들으면 어리둥절하게 마련입니다. 이럴 때는 주먹을 꽉 쥐었다가 천천히 힘을 빼보세요. 근육 이완이 어떤 건지 선명하게 느낄 수 있을 겁니다. 이런 원리로 신체를 이완시키기 위해 개발된 방법이 점진적 근육 이완법입니다.

1. 안정감을 느끼는 장소에 편안하게 앉습니다.

2. 숨을 천천히 들이쉬고 내쉬면서 한쪽 주먹을 5초 정도 꽉 쥡니다.

긴장감이 느껴집니다.

3. 주먹의 힘을 풀면서 10초 정도 이완감을 느낍니다.

4. 근육이 긴장했을 때와 이완되었을 때의 감각을 최대한 기억합니다.

5. 반대쪽 팔도 똑같이 진행합니다.

6. 손, 팔뚝, 어깨 순으로 긴장과 이완을 반복합니다.

7. 다리, 얼굴 등으로도 진행을 확대하면서 편안한 느낌에 익숙해지도록 합니다.

　점진적 근육 이완법도 복식호흡과 마찬가지로 반복적으로 연습을 해야 효과를 볼 수 있습니다. 글을 읽는 것만으로는 이해하기 어렵다 하시는 분들은 유튜브에서 '마음 안정화를 위한 근육이완운동'을 검색해보세요. 〈보건복지부 국립정신건강센터〉 유튜브 채널에 자세한 방법이 소개되어 있습니다.

'마음 안정화를 위한 근육이완운동' 보러가기

뇌와 신경계를 안정시키는, 규칙적인 수면

공황장애 환자의 67%가 불면증을 겪는다는 연구가 있을 정도로 공황장애가 발병하면 수면 패턴이 깨지는 경우가 많습니다. 수면 시간 부족은 스트레스 악화 및 긴장감을 유발하고 교감신경을 과도하게 활성화시켜서 공황장애 증상을 더욱 악화시킵니다.

편안한 수면은 우리 몸을 긴장시키고 피로하게 만드는 신경계를 안정시켜 줍니다. 뇌 기능을 회복하는 데도 도움이 되지요. 공황장애는 뇌 기능과 면밀한 관계가 있으므로 건강한 수면은 공황장애 회복에도 큰 도움이 된다고 말할 수 있습니다.

직장인의 경우 아무리 업무가 많거나 바빠도 충분히 휴식을 취하면서 일을 진행하는 게 좋습니다. 다 끝낸 다음에 쉬겠다는 생각은 몸의 긴장도를 높일 뿐만 아니라 수면 패턴을 망가뜨려서 정신 건강에도 해롭습니다. 한 번 깨진 수면 패턴은 다시 되돌리기 어렵다는 사실을 기억하시기 바랍니다.

공황장애 환자들은 스스로 불안 증상을 조절하기 위해 술을 복용하는 경우가 많습니다. 술은 일시적으로 불안 증상을 개선시킬 수 있으나, 이렇게 치료 목적으로 사용할 경우 의존성이 생기기 쉽습니다. 만성 음주는 불면증을 유발해서 스트레스를 악화시키고 긴장도를 높입니다. 또한 술에 있는 알코올 성분은 노르에피네프린과 가바 조절을 어렵게 만들어 공황발작을 더 자주 심하게 일으키게 만듭니다. 공황장애 환자의 10~30%가 알코올 의존증이 있다고 추정될 정도로 음주 문제는 정말 심각합니다. 공황장애로 진단을 받았다면 술을 끊거나 적절한 양으로 줄이시기 바랍니다.

◖● ——————— 몸도 마음도 건강하게, 규칙적인 운동

규칙적인 운동은 공황장애 증상 호전에 도움이 됩니다.

운동은 불안에 대한 민감도와 공황발작의 빈도를 낮추어 주고, 증상의 강도 또한 줄여줍니다. 공황장애 환자들은 언제 발생할지 모르는 증상에 대한 걱정으로 위축되고 자신감도 떨어져 있는 경우가 많습니다. 이런 상황에서 내 의지로 몸을 움직이는 운동은 자존감을 높이는 데 많은 도움을 줍니다. 특히 공황장애의 환경적 요인 가운데 하나인 스트레스를 관리하는 데 운동이 효과적입니다.

공황장애가 생긴 지 얼마 안 됐을 때는 운동으로 인한 가슴 두근거림, 호흡 가쁨 등의 증상이 공황발작과 비슷해 오히려 불안감을 느끼는 경우도 있습니다. 이럴 땐 낮은 강도의 운동부터 시작해서 천천히 몸을 적응시켜 보십시오. 땀이 살짝 배어나올 정도로 빠르게 걷기만 해도 좋습니다.

운동 시간을 따로 내기 힘들다면 엘리베이터 대신 계단을 이용하거나 등하고, 출퇴근 시에 도보를 이용하는 등 일상생활에서 운동할 기회를 찾으십시오. 중요한 건 운동의 강도나 지속 시간이 아니라 정기적으로 꾸준하게 하는 것입니다.

매사추세츠 의과대학 명예교수 존 카밧진이 만든 '마음챙김명상'은 자신이 어떤 생각을 하고 있고, 어떤 감정인지 있는 그대로 스스로 관찰하게 도와줍니다. 명상은 평상시에 몸과 마음의 이완, 스트레스 관리에 도움이 되는데, 특히 공황발작 발생 시 신체 발작, 불안감으로 인한 재앙화 사고, 왜곡된 생각에 빠지지 않고 현재 상황을 있는 그대로 파악하게 도와줌으로써 차분하게 대처할 수 있도록 유도합니다. 처음에는 명상이 쉽지 않을 수도 있고, 큰 도움이 되지 않는다고 느낄 수도 있습니다. 그러나 꾸준히 인내심을 가지고 실행하다 보면 분명 비약적인 효과를 경험할 수 있습니다. 마음챙김명상 관련 책이나 앱, 유튜브 영상들은 시중에서 쉽게 구할 수 있습니다.

명상을 처음 시도해보시는 분들에게는 명상앱 마보(마음보기)를 추천드리고 싶습니다. 마보는 종교적 색채가 없고, 단계별 프로그램에 따라 명상을 체계적으로 쉽게 배울 수 있도록 도와줘서 진료실을 찾은 환자분들에게 실제로 많

이 권해드리는 앱입니다.(175쪽 무료 이용권 수록)

＊

"공황장애는 완치될 수 있는 병인가요?"

공황장애 치료를 받는 환자들이 꼭 한 번씩 하는 질문입니다. 꾸준한 치료로 공황발작의 빈도나 강도가 줄고, 공황장애의 증상과 원인에 대한 깊은 이해로 전에 비해 편안하게 일상생활을 하지만, 공황발작이 있을 때마다 느껴지는 불편하고 불안한 감정이 쉬이 사라지지는 않는가 봅니다.

공황발작이 일정 기간 동안 한 번도 없었다 하더라도, 공황발작이 언제 발생할지 모른다는 불안감에 집에서만 지냈다면 완치라고 이야기할 수 없습니다. 공황장애에서 완치란 공황발작이 오더라도 크게 두려워하지 않는 마음가짐, 곧 좋아질 것이라고 믿으면서 불안감을 통제할 수 있는 자신감, 흔들리지 않는 일상을 영위할 수 있는 통제력을 가졌을 때 비로소 진단내릴 수 있습니다. 몇 주간 공황발작 없이 잘 지내다가 스트레스가 심하다고, 수면 시간이 부족하다고, 과음을 했다고 다시 불안해한다면 완치라고 말할 수 없습니다.

잠잠하다 싶으면 다시 시작되는 증상들을 보면서 도대체 언제 끝나나 지겨워하는 분도 많습니다. 그러나 증상이 전혀 발생하지 않는 것을 목표로 삼으면 완치가 어렵습니다. 증상이 있더라도 일상생활에 지장이 없도록 공황장애에 대해서 두려움을 느끼지 않는 것, 스스로 생각과 감정을 통제하는 것을 목표로 삼아야 합니다. 앞서 말한 스스로 연습할 수 있는 여섯 가지 방법이 목표를 이루는 데 도움을 줄 것입니다.

소중한 사람들과 함께
이겨냅니다

　주변에 공황장애 치료를 받는 친구나 가족이 있는데 무슨 말을 해줘야 할지, 또 어떻게 해줘야 할지 모르겠다는 질문을 받는 경우가 종종 있습니다. 공황장애에 대해 들어본 적은 있지만, 정확히 어떤 질환인지 모르는 분들이 그만큼 많다는 얘기지요.

　분명 내과나 신경과에서는 아무 이상이 없다고 하는데 왜 심장이 터질 것 같이 뛰고 과호흡 증상이 생기는지, 아무 일도 없는데 왜 불안하고 두려운지 공황장애를 겪어본 사람이 아니면 이해하기 어렵습니다. 그래서 이런 얘기를 했을 때 오히려 가족이나 친구들의 말에 상처받았다고 호소하는 공황장애 환자도 굉장히 많은 편입니다. 물론 일부러 상처를 주려는 의도는 아니었을 겁니다. 하지만 공황장애가 어떤 질환인지 알았다면 더 세심하게 얘기하고 이해하려고 노력했을 겁니다

◑ ——— 연예인병이 아닌 진짜, 공황장애 이해하기

앞에서 다루었다시피 공황장애는 심리적 증상과 신체적 증상이 공존하는 질환입니다. 평소 경험하지 못했던 강렬한 신체적 변화, 즉 공황발작이 생기면 사람들은 심장이나 호흡기, 뇌에 문제가 있는 건 아닌지 공포심을 느끼며 응급실을 찾게 됩니다. 하지만 내과, 신경과 등을 방문해도 별다른 이상이 없다는 얘기만 듣게 될 뿐이지요. 이때 환자들은 오히려 안도감을 느끼기보다는 불안감과 답답함을 느끼게 됩니다. 증상은 있는데 실체가 없는 병. 그래서 더욱 무기력하게 만드는 병. 바로 공황장애입니다.

이런 증상을 아무리 주변에 얘기해도 제대로 이해해주

는 사람은 많지 않습니다. 직접 겪어보지 않으면 상상조차 할 수 없으니까요. 심지어 인터넷이나 텔레비전을 통해 당신처럼 연예인병에 걸린 사람을 본 적이 있다며 조롱하기도 합니다. 사람들의 관심을 얻고 싶어서 그러는 게 아니냐면서요.

분명히 말하지만 공황장애는 연예인병이 아닙니다. 텔레비전에 나와 고백하는 연예인들 역시 큰 용기를 가진 사람들입니다. 그만큼 공황장애는 고백하기 어려운 질환이고, 만약 공황장애를 가진 사람이 여러분에게 먼저 이야기를 꺼냈다면 그만큼 여러분을 신뢰하고 있다는 뜻입니다. 그러니 이 책을 읽은 독자분들께서는 부디 공황장애 환자들의 이야기를 귀 기울여 들어주시기 바랍니다. 섣부르지 않은 판단과 따스한 시선이 공황장애 환자들에게는 큰 힘이 됩니다.

공황장애 환자들의 가장 큰 걱정거리 중 하나는 '사람이 많은 곳에서 공황발작이 오면 어쩌지?' 하는 것입니다. 사람들이 놀라서 손가락질할지도 모른다는 생각 때문이지요. 수치스러움을 느끼는 건 당연하고요. 그렇다면 공황장애 환자가 발작을 일으켰을 때 주변에서는 어떻게 대처해야 할까요?

먼저 깜짝 놀라거나 호들갑을 떨고 당황해서는 안 됩니다. 그런 모습을 보면 오히려 환자의 불안감이 악화될 수 있습니다. 대신 평상시처럼 환자에게 천천히 말을 걸어 주십시오. 환자가 혼자 있는 시간이 필요하다고 하면 환자가 원하는 곳에서 쉴 수 있도록 돕습니다. 공황발작은 시간이 지나면 저절로 사라지는 질환이기 때문에 크게 걱정할 필요가 없습니다.

환자가 심한 공황발작으로 스스로 통제가 안 되는 느낌이라면 편안한 곳에서 휴식을 취할 수 있도록 권하거나 복식호흡을 하도록 유도합니다. 환자가 약을 찾는다면 약이

든 위치를 물어봐서 약과 함께 마실 물을 가져다주는 것도 좋습니다. 이 정도 배려만으로도 환자는 충분히 안정을 찾을 수 있습니다.

◐ ─────── 인내심을 가지고, 지켜봐 주기

공황장애는 다른 정신질환과 비교했을 때 비교적 치료에 잘 반응하는 질환입니다. 다만 증상의 강도, 우울증 등 다른 질환과의 공존하는 여부, 발생 원인에 따라 호전 속도와 필요 치료 기간이 환자마다 각각 다릅니다.

공황장애 환자를 가족이나 친구로 둔 사람들은 종종 도대체 언제까지 병원을 다녀야 하고, 약을 복용해야 하느냐고 묻습니다. 물론 걱정되는 마음에 물어본 거겠지만, 현재 상황이 가장 답답하고 고통스러운 사람은 환자 자신입니다. 환자 입장에서는 자기 때문에 주변 사람들이 고통을 겪는다고 생각할 수 있겠지요. 환자의 이런 생각은 당연히 공황장애 증상을 악화시킬 뿐입니다.

공황장애 환자를 응원하고 격려하는 가장 좋은 방법은 환자가 가장 힘들다는 사실을 인지하고 기다려주는 것입니다. 재촉하거나 보채지 않고 묵묵하게 지켜보고 기다려주는 자세. 이것만으로도 환자가 안정감을 느끼고 회복할 수 있는 원동력이 될 수 있습니다.

＊

가족이나 친구들 앞에서 공황발작을 일으킨 경험이 있는 환자들은 자신이 주변 사람들에게 폐를 끼쳤다며 자책하는 경우가 많습니다. 친한 사람들이 공황장애를 불편하게 여기고 떠날지도 모른다는 불안감을 느끼기도 합니다. 그런 와중에 "네가 연예인이야? 공황장애에 걸리게?"라는 말을 들으면 얼마나 견디기 힘들까요?

치료 과정에 대한 부정확한 정보와 섣부른 조언도 치료에 도움이 되지 않습니다. 잘못된 정보와 치료 방법이 오히려 환자의 상태를 악화시킬 수 있으니까요. 고민을 털어놓는 사람이 있다면 증상이 만성화되기 전에 빨리 병원에 방문하라고 권해주십시오. 공황장애는 초기에 제대로 된 치료를 받으면 상대적으로 빠른 호전을 기대할 수 있는 질환입니다.

그리고 공황장애는 증상이 호전되어 잘 지내다가도 아무 이유 없이 갑자기 재발할 수 있는 질환입니다. 이때 환자분에게 이렇게 말씀해주세요. "공황장애와 상관없이 우리는 너의 곁에 항상 있을 거야. 공황장애는 우리 사이에 전혀 문제가 되지 않아." 증상이 재발하더라도 이겨낼 수 있다는 믿음과 안정감이 있다면 공황장애는 충분히 극복할 수 있습니다.

우리 모두 완치라는 목적지에
도달할 수 있습니다

원고를 다 쓰고 난 뒤 한참 동안 멍하니 모니터를 쳐다
보았습니다. 원고를 마쳤다는 안도감과 함께 그동안 치료
했던 공황장애 환자분들의 모습, 그들의 사연이 주마등처
럼 뇌리를 스쳤습니다.

공황 증상으로 몇 년간 대중교통을 이용하지 못하던 환
자가 처음으로 지하철을 타고 병원에 왔다며 울먹거리던
모습. 사람들 앞에만 서면 목소리가 떨리고 안면홍조가 생
겨 대인관계 맺기를 피하던 환자가 사람을 만나기 시작하
더니 이제는 연애를 하고 싶다고 고백하던 수줍은 표정. 폭
력적이었던 전남편과 이혼을 한 뒤에도 여전히 불안감이

심해 외출을 못 하던 환자가 드디어 혼자 마트에 갈 수 있게 되었다면서 자기도 모르게 꽉 쥔 주먹. 고등학교 진학 후 친구들 사이에서의 불안함을 견디지 못해 공황발작을 일으키던 학생이 지금은 자신 있게 학교생활을 하고 있으며 다시 공황발작이 와도 절대 포기하지 않고 이겨낼 것이라는 다짐을 적어서 건네준 편지…….

이 책에 등장하는 사례는 대부분 저희가 치료한 환자들의 이야기를 기반으로 각색한 것입니다. 책 속의 사례처럼 꾸준한 치료 끝에 좋은 결과로 이어진 분들도 많지만, 일부는 여전히 증상이 지속되거나 재발해서 지금까지 함께 싸우는 분들도 계시지요. 심한 경우엔 대학병원에 입원한 분들도 계십니다. 모든 일이 마음 먹은 대로 수월하게 이루어지면 좋겠지만, 그러지 못해 아쉬울 따름입니다.

그러나 중요한 건 공황장애를 극복한 분들이건, 아직 노력하는 분들이건 결코 희망을 잃지 않고 있다는 사실입니다. 이러한 노력이 결코 헛되지 않고, 치료 과정에서 배운 경험이 단단한 계단이 되어, 그 계단을 오르고 오르다 보면 결국 완치라는 목적지에 도달하게 될 것임을 저희는 믿습니다.

교과서를 통해 배운 지식과 실제 현장에서 환자들을 치료하면서 알게 된 사실, 배움을 향한 갈증과 이를 해결하기 위해 학습했던 자료들이 모여 이 책을 만들 수 있었습니다. 특히 앞서 공황장애를 겪고 함께 치료의 길을 걸었던 환자분들이 이 책을 쓰는 데 큰 도움을 주었습니다. 이 자리를 빌어 감사를 표합니다. 부디 이 책이 앞으로 공황장애와 싸워나갈 분들에게, 또는 공황장애가 아닐까 두려워하고 불안해하는 분들에게 나침반처럼 나아갈 길을 제시하는 지침서가 되기를 바랍니다.

우리 모두 완치라는 목적지에 도달할 수 있습니다.

"우리 모두 완치라는 목적지에
도달할 수 있습니다."

- 정신과 전문의 김한준, 오진승, 이재병

참고문헌

1 Shear MK, Brown TA, Barlow DH, Money R, Sholomskas DE, Woods SW, Gorman JM, Papp LA. Multicenter collaborative panic disorder severity scale. Am J Psychiatry. 1997 Nov;154(11):1571-5. doi: 10.1176/ajp.154.11.1571. PMID: 9356566.

2 김정범(Jung Bum Kim). 2001. 원저 : 한국판 공황장애 심각도 척도의 개발. 정신병리학, 10(2) : 140-151

3 Fleet, R. P., Dupuis, G., Marchand, A., Burelle, D., Arsenault, A., & Beitman, B. D. (1996). Panic disorder in emergency department chest pain patients: prevalence, comorbidity, suicidal ideation, and physician recognition. The American journal of medicine, 101(4), 371-380.

4 Potts, S. G., & Bass, C. (1999). Chest pain with normal coronary arteries: psychological aspects. In Chest Pain with Normal Coronary Angiograms: Pathogenesis, Diagnosis and Management(pp. 13-32). Springer, Boston, MA.

5 Teixeira, R. R., Díaz, M. M., Santos, T. V., Bernardes, J. T., Peixoto, L. G., Bocanegra, O. L., Neto, M. B., & Espindola, F. S. (2015). Chronic stress induces a hyporeactivity of the autonomic nervous system in response to acute mental stressor and impairs cognitive performance in business executives. PloS one, 10(3), e0119025.
https://doi.org/10.1371/journal.pone.0119025

6 De Jonge P, Roest AM, Lim CC, et al. Cross-national epidemiology of panic disorder and panic attacks in the world mental health surveys. Depress Anxiety. 2016;33(12):1155-1177. doi:10.1002/da.22572

7 Rahe RH, Mahan JL, Arthur RJ (1970). Prediction of near-future health change from subjects' preceding life changes. J Psychosom Res. 14(4): 401 – 406

8 Gassner, S. M. (2004). The Role of Traumatic Experience in Panic Disorder and Agoraphobia. Psychoanalytic Psychology, 21(2), 222–243

9 Claudia Wachleski, Giovanni Abrahao Salum, Carolina Blaya, Leticia Kipper, Angela Paludo, Ana Paula Salgado, Gisele Gus Manfro (2008). Harm avoidance and self-directedness as essential features of panic disorder patients. Comprehensive Psychiatry, volume 49, Issue 5

『공황인 것 같아서 불안합니다』 독자 여러분에게
마음챙김의 시간을 선물합니다.

감정의 롤러코스터에서 내려오고 싶나요?

화를 주체할 수 없을 때,
너무 우울하거나 불안할 때,
슬프고 외로울 때,

'마음챙김 명상'은 자신의 감정을 알아차리고
현명하게 반응할 수 있도록 도와주는 마음훈련입니다.
변화를 만들 수 있도록 오늘부터 **마보**가 도와드릴게요!

 mabo

하루 10분, 나만의 마인드 트레이너
마보 1개월 이용권

신규 가입하고, 모든 콘텐츠를 무료로 이용하세요!

문의하기 support@mabopractice.com

01 구글플레이 또는 앱스토어에서
모바일 앱 '마보' 다운로드

02 회원 가입까지 완료한 후
카메라로 아래 QR코드를 스캔

03 **[1개월 이용권이 적용되었어요!]**
알림이 뜨면 완료

04 언제 어디서나
마음챙김의 시간을 가져보세요.

불안과 공황 사이에서 헤매는 사람들을 위한
85만 유튜브 〈닥터프렌즈〉 오진승과
정신과 전문의 김한준 이재병의 공황 심리 처방전

공황인 것 같아서 불안합니다

초판 1쇄 발행 2022년 8월 11일

지은이 김한준, 오진승, 이재병
펴낸이 민혜영
펴낸곳 (주)카시오페아
주소 서울시 마포구 월드컵로14길 56, 2층
전화 02-303-5580 | **팩스** 02-2179-8768
홈페이지 www.cassiopeiabook.com | **전자우편** editor@cassiopeiabook.com
출판등록 2012년 12월 27일 제2014-000277호
책임편집 이호빈 | **책임디자인** 최예슬
편집1 최유진, 오희라 | **편집2** 이호빈, 이수민 | **디자인** 이성희, 최예슬
마케팅 허경아, 홍수연, 이서우, 변승주

© 김한준, 오진승, 이재병 2022
ISBN 979-11-6827-064-0 03180